油气田企业 QHSE 管理体系审核员培训教材
初级审核员

李 佩 主编

任彦兵 文小平 副主编

石油工业出版社

内容提要

本书主要从QHSE管理体系的基本要求和方法、油气田企业现行QHSE审核的基本原则、标准和方法、质量管理有关专业领域的基础知识和管理要求，QHSE体系审核技巧等方面进行介绍，并佐以案例指导实际操作。

本书适用于油气田企业QHSE管理体系初级、中级审核员理论培训、研究性学习、现场实训，同时也可供审核员在审核实施过程中查阅参考。

图书在版编目（CIP）数据

油气田企业QHSE管理体系审核员培训教材．初级审核员/李佩主编．—北京：石油工业出版社，2023.1

ISBN 978-7-5183-5656-0

Ⅰ.①油⋯ Ⅱ.①李⋯ Ⅲ.①石油企业–标准化管理–管理体系–中国–岗位培训–教材 Ⅳ.①F426.22

中国版本图书馆CIP数据核字（2022）第185444号

出版发行：石油工业出版社
（北京安定门外安华里2区1号　100011）
网　　址：www.petropub.com
编辑部：（010）64523552　　图书营销中心：（010）64523633
经　　销：全国新华书店
印　　刷：北京中石油彩色印刷有限责任公司

2023年1月第1版　2023年1月第1次印刷
787×1092毫米　开本：1/16　印张：11.75
字数：255千字

定价：98.00元
（如出现印装质量问题，我社图书营销中心负责调换）
版权所有，翻印必究

油气田企业 QHSE 管理体系审核员培训教材　初级审核员
编 委 会

主　任：赵邦六　王振嘉

副主任：黄山红　熊运实　李　佩

委　员：胡月亭　任彦兵　文小平　司晓军　翟志刚　陈学锋

油气田企业 QHSE 管理体系审核员培训教材　初级审核员
编 写 组

主　编：李　佩

副主编：任彦兵　文小平

编写人：黄　湛　李小兵　赵晓春　张　悦　苏　阳　倪继华
　　　　　张建峰　张语恒　呼治国　张　磊　张健威　郭　璐
　　　　　黄　彬　刘小兵　颜廷润　张会森　陈　刚　张　昊
　　　　　姜志刚　曹海伟　张刚刚　沈　川　龙跃天　文　恒
　　　　　郭宗轲　李宝岩　马小刚　何　帆　郭鹏程　赵红亮
　　　　　任彦斌　刘沛华　胡靖平　王晓鹏　那慧玲　冶爱丽
　　　　　李建宏　南　艳

前　言

近年来，质量健康安全环境管理体系（以下简称 QHSE 管理体系）已成为油气田企业规范管理、强化安全环保风险管控的有效手段，在夯实 QHSE 管理基础、保障生产安全方面发挥着至关重要的作用。针对油气田企业在生产组织过程中面临的火灾爆炸、井喷失控、环境污染、职业健康等方面的风险，需要运用体系管理思想，将基于风险的思维、PDCA 管理、过程方法的三大原则贯穿于生产经营全过程，强化过程管控，规范系统运行，建立防范化解重大风险、预防事故发生的高效机制，助力油气田企业实现"零伤害、零污染、零事故、零缺陷"的战略目标。

2013 年以来，中国石油天然气集团有限公司（以下简称中国石油或集团公司）持续推进总部层面的 QHSE 管理体系审核，体系审核已成为推动油气田企业管理体系持续改进、促进管理提升的有效方法，而审核员个人素质与能力水平直接关系到审核质量的高低及审核效能的发挥。集团公司、油气和新能源分公司历来高度重视审核员培养，特别是 2019 年以来油气和新能源分公司启动了审核员分级（初级、中级、高级）培养工作，着力建设一支满足集团公司总部、专业公司及油气田企业审核工作需要的，业务精湛、审核技能水平较高的审核员队伍。为确保油气田企业审核员知识技能的系统性提升，应从体系管理标准、体系审核分类、实施要求、主要流程等基础知识进行系统培训，并在全面构建知识体系基础上，加以审核基本技巧、工具方法应用、专业审核思路等方面强化培训，从而确保全面提升审核员能力水平。

本套教材主要从 QHSE 管理体系的基本要求和方法，油气田企业现行 QHSE 审核的基本原则、标准和方法，质量管理有关专业领域的基础知识和管理要求，QHSE 体系审核技巧等方面进行介绍，并佐以丰富的案例，便于读者理解，从而指导实际操作。本套教材适用于油气田企业 QHSE 管理体系初级、中级审核员理论培训、研究性学习、现场实训，同时也可供审核员在审核实施过程中查阅参考。

本教材的编写由长庆油田承担了主要任务，得到了集团公司质量健康安全环保部、油气和新能源分公司、集团公司安全环保技术研究院、塔里木油田、西南油气田、新疆油田、吉林油田的大力支持和帮助，在此特表谢意。本教材编写过程参阅和引用了大量国内外文献资料，在此对原著作者深表感谢。

由于编者水平有限，加之体系审核的系统性和现场的复杂性，本套教材编写虽力求全面系统、针对性强，但难免有疏漏之处，恳望读者予以批评指正。

编　者

2022 年 9 月

目 录
CONTENTS

第一章　QHSE 管理体系概要 1
 第一节　管理体系概述 3
  一、管理体系的概念 3
  二、质量管理体系与 HSE 管理体系简介 4
  三、QHSE 管理体系量化审核标准简介 10
 第二节　QHSE 管理体系审核标准要点释义 14
  一、领导和承诺 14
  二、QHSE 方针 17
  三、策划 18
  四、组织结构、职责、资源和文件 25
  五、实施和运行 30
  六、检查和纠正措施 64
  七、管理评审 68

第二章　QHSE 管理体系审核 71
 第一节　审核概述 73
  一、审核的概念 73
  二、审核原则 74
  三、审核分类 75
  四、审核范围 76
  五、审核人员的选择 76
  六、审核流程 77
 第二节　审核策划 78
  一、审核方案策划 78
  二、审核实施前准备 79
 第三节　审核实施 81
  一、举行首次会议 81

二、获取审核证据 82

　　三、审核沟通 84

　　四、审核过程控制 85

　　五、形成审核发现 86

　　六、形成审核结论 87

　　七、召开末次会议 88

　　八、资料整理与移交 89

　　九、审核质量评价 89

第四节　持续改进 **91**

　　一、人员能力评价 91

　　二、问题整改闭环管理 91

第三章　审核的基本方法 **93**

第一节　初级审核员应知会用的审核方法 **95**

第二节　审核准备中的基本方法 **96**

　　一、审核计划的编制 96

　　二、审核检查表的编制 106

第三节　审核实施中的基本方法 **130**

　　一、现场审核的基本方法 130

　　二、审核发现的记录方法 153

　　三、审核追溯的基本方法 162

　　四、审核问题清单填写 172

　　五、量化审核评分定级 179

第一章
QHSE 管理体系概要

体系是一个企业、一个单位，按照一定要素逻辑关系，建立起来的包括目标、资源和方法的系统，目的是对活动中的风险进行控制，使活动得以顺利进行。

从管理体系关注的领域来看，一个管理体系可关注一个或多个领域，例如：质量、环境、职业健康和安全、能源、财务管理等。

从管理体系的要素来看，管理体系的要素包括组织的结构、角色和职责、策划和运行、绩效评价和改进。管理体系的范围可能包括整个组织、其特定的职能、其特定的部门或跨组织的一个或多个职能。

中国石油天然气集团有限公司（以下简称中国石油或集团公司）所属企业，围绕不同的管理目的及企业需求，建立和实施了相关的管理活动，目前企业运行的管理体系包括质量管理体系（QMS）、健康安全环境（以下简称 HSE）管理体系、环境管理体系（EMS）和职业健康安全管理体系（OHSMS）等。

二、质量管理体系与 HSE 管理体系简介

（一）质量管理体系简介

1. 质量管理体系的发展及现状

1959 年，美国国防部发布了世界上第一个质量保证标准，MIL-Q-9858A《质量大纲要求》。

1971 年，美国国家标准学会（ANSI）和美国机械工程师协会（ASME）分别制定发布了有关质量保证标准。

1979 年，英国制定了 BS5750 质量保证标准，同年加拿大制定了 CSAZ-229 质量保证标准。

1979 年，根据英国 BSI 的提议，国际标准化组织（ISO）成立了"质量管理和质量保证技术委员会（ISO/TC 176）"。

1986 年 6 月 15 日正式颁布 ISO 8402，又于 1987 年 3 月正式颁布 ISO 9000《质量管理和质量保证》系列标准。

1987 年版 ISO 9000 系列标准由 6 个标准组成，分别是：

——ISO 8402《质量　术语》。

——ISO 9000《质量管理和质量保证标准　选择和使用指南》。

——ISO 9001《质量体系　设计/开发、生产、安装和服务质量保证模式》。

——ISO 9002《质量体系　生产和安装质量保证模式》。

——ISO 9003《质量体系　最终检验和试验质量保证模式》。

——ISO 9004《质量管理和质量体系要素　指南》。

1994 年版 ISO 9000 系列标准是对 1987 年版标准的第一期修订，同时在原来 6 个标准的基础上增加到 16 个，标准涉及软件、可行性大纲、服务、流程性材料、质量改进、

审核和测试设备等，内容十分丰富。新增标准主要有：

——ISO 9000-1～4《质量管理和质量保证标准选择和使用指南》。

——ISO 9004-1～4《质量管理和质量体系要素指南》。

2000年版 ISO 9000 系列标准是对 1994 年版标准的结构性换版修订，将 1994 年版 16 项 ISO 9000 系列标准修订为 2000 年版的 ISO 9000 族标准，分别是：

——ISO 9000《质量管理体系　基础和术语》。

——ISO 9001《质量管理体系　要求》。

——ISO 9004《质量管理体系　业绩改进指南》。

——ISO 19011《质量和（或）环境审核指南》。

——ISO 10012《测量控制系统》。

ISO 9001：2008 是根据世界上 170 个国家大约 100 万个通过 ISO 9001 认证的组织的 8 年实践，更清晰、明确地表达 ISO 9001：2000 的要求，并增强与 ISO 14001：2004 的兼容性。ISO 9001：2008 和 ISO 9004：2009 是质量管理体系标准主导的两类模式。

一类是以 ISO 9001：2008 为代表的质量管理体系要求标准（含各行质量管理体系要求标准，如 ISO/TS 16949、ISO 22000 等），其特点是对质量管理体系具体活动提出通用或专业性要求，思路是"以最少的一致要求提供产品符合性保证和信任"，其评价手段是符合性评价。

另一类则是以 ISO 9004：2009 及各类卓越绩效评价准则为代表的指南标准，其特点是应用质量管理的原则，为提升组织整体绩效及可持续性提供公认有效途径的信息，评价手段是成熟度量度。其典型作用是帮助已按 ISO 9001 或其他管理体系标准建立管理体系的组织，在推进组织整体持续发展方面发挥作用。

ISO 9001：2015 按照管理体系标准模式化高级结构（HLS）的基本构架对标准的结构进行了调整。相比 ISO 9001：2008 主要变化如下：

——强调产品和服务的差异，标准的适用性更广泛。

——明确提出了"组织环境"的理解要求。

——更关注风险和机会，明确提出"确定风险和机会应对措施"的要求。

——用"外部提供的过程、产品和服务"取代"采购"，包括"外包过程"。

——提出了"知识"也是一种资源，是产品实现的支持过程。

——更加强调了最高管理者的领导力和承诺，最高管理者要对管理体系的有效性承担责任，推动过程方法及基于风险的思想的应用。

——明确提出将管理体系要求融入组织的过程。

——使用新术语"文件化信息"；标准取消了质量手册、文件化程序等大量强制性文件的要求，合并了文件和记录，统一称为"文件化信息"。

——去掉了"预防措施"，预防措施概念采用以风险为基础的方法来表示。

我国是较早采用和贯彻 ISO 9000 族标准的国家之一，1988 年便将 ISO 9000：1987 系列标准等效采用为 GB/T 10300 系列国家标准，1992 年又进一步将 ISO 9001：2008 等同采用为 GB/T 19000 系列国家标准，1994 年 ISO 9000 系列标准发布后，同年及时等同转化了修订后的 ISO 9000 系列标准，从而将 ISO 9000 系列标准以国家标准的形式正式引入我国至今。

2. 质量管理体系概述

在质量管理的基础上，质量管理体系是最早提出的。正是因为质量管理体系在世界上的广泛成功应用，才促使其他管理体系的产生与应用。质量管理体系是组织管理体系中有关质量的部分，是用于组织建立质量方针和质量目标的管理，包括实现这些目标的过程和相互关联、相互作用的一组要素。国家标准 GB/T 19001—2016《质量管理体系 要求》，等同采用 ISO 国际标准 ISO 9001：2015《质量管理体系 要求》，是大多数企业普及并运行的一项标准，是以满足顾客需求为焦点，以七项管理原则为基础，运用过程管理模式，通过策划并确定目标控制生产与经营过程达到满足顾客要求，实现预期目标的一种管理方法。质量管理的原则是：

——以顾客为关注焦点。

——领导作用。

——全员积极参与。

——过程方法。

——改进。

——循证决策。

——关系管理。

质量管理体系中的过程方法、PDCA 循环等核心理念，在所有管理体系中是共性的，也是各位审核员在开展体系审核过程中最为常用的指导思想。

过程方法包括按照组织的质量方针和战略方向，对各过程及其相互作用进行系统的规定和管理，从而实现预期结果。单一过程的各要素及其相互作用如图 1-1 所示。每一过程均有特定的监视和测量检查点用于控制，这些检查点根据相关的风险有所不同。

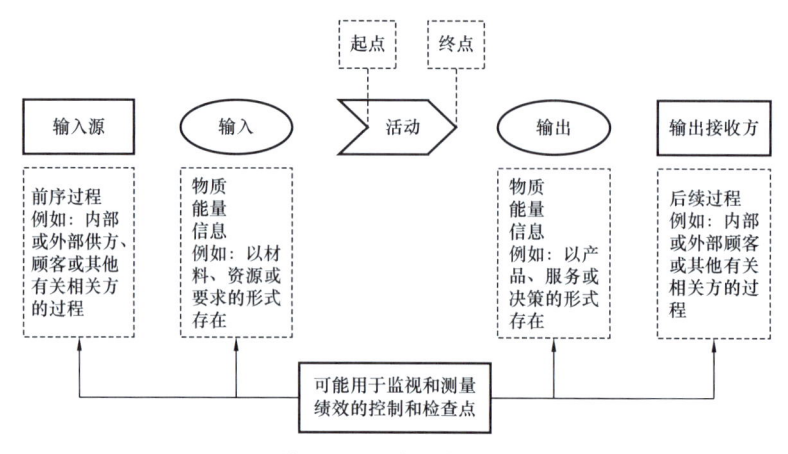

图 1-1 单一过程的各要素及其相互作用

PDCA 循环能够应用于所有过程及整个质量管理体系。图 1-2 表明了质量管理体系是如何构成 PDCA 循环的。

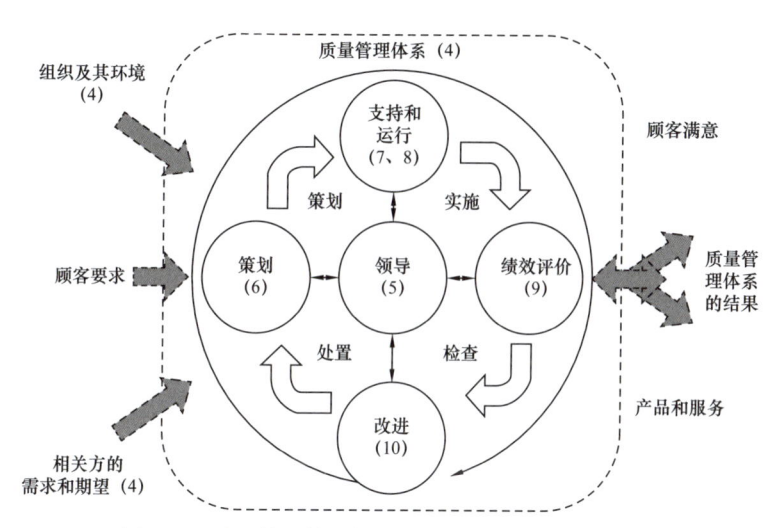

图 1-2　质量管理体系标准的结构在 PDCA 中的展示

PDCA 循环可以简要描述如下：

——策划（Plan）：根据顾客的要求和组织的方针，建立体系的目标及其过程，确定实现结果所需的资源，并识别和应对风险和机遇。

——实施（Do）：执行所做的策划。

——检查（Check）：根据方针、目标、要求和所策划的活动，对过程及形成的产品和服务进行监视和测量（适用时），并报告结果。

——处置（Act）：必要时，采取措施提高绩效。

（二）HSE 管理体系简介

1. HSE 管理体系的发展及现状

HSE 管理体系是被国际石油界广泛认同和采用的一种管理体系，是现代企业制度的重要组成部分。HSE 管理体系突出"以人为本、预防为主、领导承诺、全员参与、风险管理、持续改进"的管理思想，科学管理是 HSE 管理体系的精髓，国际大石油公司很早就建立并实施 HSE 管理体系。

1985 年，壳牌石油公司首次在石油勘探开发领域提出了强化"安全管理"的构想和方法。1986 年，在此基础上形成手册，以文件的形式确定下来，HSE 管理体系初现端倪。

20 世纪 80 年代后期，国际上发生的几次重大事故，特别是 1988 年英国北海油田的帕珀尔·阿尔法平台火灾爆炸事故和 1989 年埃克森公司瓦尔迪兹油轮触礁溢油事件，推动并加快了石油工业 HSE 管理体系的形成。

1991 年，壳牌公司 HSE 委员会颁布健康、安全与环境方针指南。

1991年，在荷兰海牙召开了第一届油气勘探开发的健康、安全与环保国际会议，HSE这一概念逐步为业内接受。

1994年，油气勘探开发的健康、安全与环保国际会议在印度尼西亚雅加达召开，由于这次会议由石油工程师学会（SPE）发起，并得到国际石油工业保护协会（IPICA）和美国石油地质工作者协会（AAPG）的支持，影响力很大，全球各大石油公司和服务商都积极参与，因而促使HSE管理活动在全球范围内迅速推广。1994年7月，壳牌公司制定了"开发和使用健康、安全与环境管理体系导则"。同年9月，壳牌公司HSE委员会制定并颁布了"健康、安全与环境管理体系"。

1996年1月，国际标准化组织（ISO）的ISO/TC67的SC6分委会起草了ISO/CD 14690《石油和天然气工业健康、安全与环境管理体系》（委员会草案标准）。随后，此草案标准在国际石油界得到普遍推行。

2004年3月，在加拿大卡尔加里召开了第七届SPE健康安全环境年会。这次大会对HSE管理体系的深入运行和发展进行了理论探讨；突出企业的HSE文化理念，重点体现以人为本管理和可持续发展思路；企业领导在HSE管理方面亲身谈体会和经验，体现了HSE管理体系运行的重点和关键在领导，领导作用和行为等对体系保证和持续改进的研究有了新的进展；加强了对作业者（业主）、承包商（乙方）及相关方等一体化的管理，HSE责任、权利及义务有了更明确的界定。此外，由展览活动可看出，HSE管理软件有了实质性发展，体系审核软件、教育培训软件及多媒体教学模块有很强的实用价值。

从1991年到2004年，健康、安全与环境管理体系作为一个完整的管理体系，在国际石油工业界蓬勃发展。

集团公司高度重视HSE管理体系工作，把建立和实施HSE管理体系作为实现企业安全发展、清洁发展、节约发展、和谐发展，建设综合性国际能源公司的重大战略举措。1997年，集团公司依据SY/T 6276—1997《石油天然气工业健康、安全与环境管理体系》，开始在全系统推行HSE管理体系。2004年7月，结合实际，制定了Q/CNPC 104.1—2004《健康、安全与环境管理体系 第1部分：规范》。

2007年，为了深入推进集团公司HSE管理体系工作，实现HSE管理与国际接轨和跨越式发展，按照"统一、规范、简明和可操作"的原则，对HSE管理体系标准进一步修订和完善，2007年8月，修改发布Q/SY 1002.1—2007《健康、安全与环境管理体系 第1部分：规范》。

2008年，集团公司相继起草发布了Q/SY 1002.2—2008《健康、安全与环境管理体系 第2部分：实施指南》、Q/SY 1002.3—2008《健康、安全与环境管理体系 第3部分：审核指南》，为各级组织建立、实施、保持和改进HSE管理体系提供了方法指南。

2013年，集团公司总结了HSE管理体系推进工作中的成功经验做法，在Q/SY 1002.1—2007的框架基础上，融入了国际石油公司有关健康、安全与环境管理的最优实践做法，以及AQ/T 9006—2010《企业安全生产标准化基本规范》相关要求，发布了

Q/SY 1002.1—2013《健康、安全与环境管理体系　第 1 部分：规范》。

2014 年，按照 GB/T 1.1—2009《标准化工作导则　第 1 部分：标准的结构和编写》规则，集团公司起草了 Q/SY 1002.2—2014《健康、安全与环境管理体系　第 2 部分：实施指南》，代替了 Q/SY 1002.2—2008《健康、安全与环境管理体系　第 2 部分：实施指南》。

2015 年，集团公司起草了 Q/SY 1002.3—2015《健康、安全与环境管理体系　第 3 部分：审核指南》，代替了 Q/SY 1002.3—2008《健康、安全与环境管理体系　第 3 部分：审核指南》。

2019 年，Q/SY 1002.2—2014《健康、安全与环境管理体系　第 2 部分：实施指南》经复审后，标准编号由 Q/SY 1002.2—2014 修改为 Q/SY 08002.2—2019，标准发布单位按照企业公章，修改为"中国石油天然气集团有限公司"。

2021 年，按照 GB/T 1.1—2020《标准化工作导则　第 1 部分：标准化文件的结构和起草规则》编制发布了 Q/SY 08002.3—2021《健康、安全与环境管理体系　第 3 部分：审核指南》，代替了 Q/SY 1002.3—2015《健康、安全与环境管理体系　第 3 部分：审核指南》。文件主要增加了"内部审核、内审指导、全要素审核、量化审核、专项审核、集中式审核、审核应对集团公司外部承包商清退、警告情况进行验证、审核员队伍建设、审核问题管理追溯流程、审核问题清单、审核情况汇总表、审核人员考核评价表"，更改了"范围，规范性引用文件，审核类型，审核方案管理，内部审核，集团公司审核，健康、安全与环境管理体系审核程序，健康、安全与环境管理体系审核员"。

集团公司 HSE 管理体系的发展，总体上可概括为"传统管理、探索实践、创新发展"三个阶段。特别是 2012 年以来，围绕提升风险防控能力这一核心任务，结合实际，关口前移、源头控制，进一步深化 HSE 管理体系建设。集团公司的 HSE 管理体系，从等同采用到学习国际经验、方法，这个过程也在不断地融合传统管理方法，经过碰撞和融合，保留传统管理中的优秀经验，不断实现自我突破，也是"破茧化蝶"的过程。可以说，集团公司 HSE 管理体系建设，经历了艰苦卓绝的过程，是不断探索、学习、继承、创新的过程。

2. HSE 管理体系概述

HSE 管理体系是组织管理体系的一部分，用于制定和实施组织的 HSE 方针并管理其业务相关的 HSE 风险。包括组织活动、策划活动（例如包括风险评价、目标建立等）、职责、惯例、程序、过程和资源。企业标准 Q/SY 08002.1—2018《健康、安全与环境管理体系　第 1 部分：规范》是目前集团公司运行的 HSE 管理体系标准，其中包括 7 个一级要素和 29 个二级要素，具体参照图 1-3 理解。

注 1：本部分规定的健康、安全与环境管理体系基于策划—实施—检查—改进（PDCA）的运行模式原理。

基础级主要指建立了制度或明确了要求，工作只是满足了法规和制度的基本要求和规定动作；良好级主要指法规和制度要求得到实施，并取得较好效果；优秀级主要是指工作体现了各级领导、管理人员和基层员工能够积极主动参与，形成了最佳实践和特色做法。

（6）评分说明：为便于审核实施，针对每个评分项给出明确的评分说明，包括审核对象、评分内容、评分方式及相应分值等。四种类型的评分方式具体如下：

① 是否型评分项，即做了或有，得满分；不做或没有，不得分。

② 百分比型评分项，设置了两种得分情况，一是对于审核样本量较少的（如二级单位、基层单位等），视符合比例得分。二是对于审核样本量较多的（如人员、资料等），全部满足，得满分；50% 及以上满足，得 60% 分；低于 50% 满足，不得分。

③ 频率型评分项，即根据开展工作频率的高低得分，频率高的得分高。

④ 程度型评分项，根据工作质量和效果，由审核员视情况判断得分。

⑤ 否决项和加分项：对于企业应遵守的守法合规红线要求和集团公司规定的最基本和关键的要求，设置了不同程度的否决项。特别是，审核过程中如发现有资料造假，相应的"评分项"不得分。另外，为鼓励企业积极创新实践，审核组在充分讨论并达成一致的基础上可以对运行3个月之上、值得推广的HSE管理有效做法给予适当加分，但加分后的分值不能超过所在评分项的总分值；且对每个企业进行加分的最佳实践个数不能超过2个。

（7）分值说明：标准分值采取开放式设计，对每个审核主题和审核项、审核内容、评分项分别逐级展开赋分。内容重要或流程复杂、工作内容比较多的事项，赋予较高比例的分值。

（8）审核结果及分级：审核的总分值最后折算到百分制，根据审核得分情况对企业QHSE管理情况分成4级7档，详见表1-1。

表1-1 QHSE管理体系量化审核评分定级表

级别	优秀级（A级）		良好级（B级）		基础级（C级）		本能级（D级）
分值	95～100	90～95	85～90	80～85	70～80	60～70	低于60
档级	A1	A2	B1	B2	C1	C2	D

注：各分值均包含其下限起点。

以下情况在审核结果的基础上采取降级或降档：一是当企业在审核年度内发生生产安全亡人事故或对集团公司造成较大负面影响的事故事件，进行降一级处理；二是出现审核主题的得分率在40%以下的，进行降一档处理。

《集团公司QHSE管理体系量化审核标准（第3版）》审核要素与审核主题的从属关系详见表1-2。

表 1-2　集团公司 QHSE 管理体系量化审核标准统计表

审核要素（7个）	审核主题（32个）
5.1 领导和承诺	领导和承诺
5.2 QHSE 方针	QHSE 方针
5.3 策划	危害辨识、风险评价和控制措施
	合规性管理
	目标指标和方案
5.4 组织结构、资源和文件	机构、职责和 QHSE 投入
	能力培训和意识
	制度和规程
	协商与沟通
5.5 实施和运行	设备设施
	承包商管理
	作业许可
	健康管理
	建设工程质量
	井筒工程质量
	采购质量
	产品质量
	污染防治
	生态保护
	清洁生产
	生产运行
	变更管理
	应急管理
	消防安全
	道路交通安全
	危险化学品管理
	标准化建设
5.6 检查和纠正措施	监督检查
	环境信息
	事故事件
	内部审核
5.7 管理评审	管理评审

——油气田企业应根据QHSE方针制定QHSE战略目标，职能部门领导应了解QHSE战略目标的基本内涵。

示例1-5　中国石油天然气集团有限公司QHSE方针和战略目标

质量方针：诚实守信、精益求精
质量目标：零事故、零缺陷、国内领先、国际一流
HSE方针：以人为本、预防为主、全员履责、持续改进
HSE战略目标：追求零伤害、零污染、零事故，在健康、安全与环境管理方面达到国际同行业先进水平

---

② HSE 管理原则：

油气田企业领导及职能部门负责人、二级单位领导应清楚并理解HSE管理原则，清楚在业务范围内如何落实HSE管理原则，并明确落实方法。

示例1-6　中国石油天然气集团有限公司HSE管理九项原则

一、任何决策必须优先考虑健康安全环境；
二、安全是聘用的必要条件；
三、企业必须对员工进行健康安全环境培训；
四、各级管理者对业务范围内的健康安全环境工作负责；
五、各级管理者必须亲自参加健康安全环境审核；
六、员工必须参与岗位危害识别及风险控制；
七、事故隐患必须及时整改；
八、所有事故事件必须及时报告、分析和处理；
九、承包方管理执行统一的健康安全环境标准。

三、策划

策划是油气田企业在QHSE方针的指导下，为了实现QHSE目标，对长远或近期QHSE工作所进行的规划。QHSE管理体系运行最直接的目的是防止事故发生，将危害因素的风险及影响降低到可接受的最低程度。对危害因素的正确而科学地识别、评价和有效管理，是达到此目的的关键所在。因此企业各级单位应在全面辨识风险的基础上，制订中长期 QHSE 管理规划和年度计划，确定目标、指标，针对具体任务编制管理方案，确保 QHSE 工作管理合规、风险受控。

《集团公司 QHSE 管理体系量化审核标准》中"5.3 策划"包含 3 个审核主题，分别是危害因素辨识、风险评价和控制措施，合规性管理，目标指标和方案等管理。根据初级审核员培训大纲要求，在此重点介绍"危害因素辨识、风险评价和控制措施"部分。

（1）概述：

该要素主要是指针对油气田企业生产开发全过程中的危害因素进行辨识、风险开展评价和制订相应措施。危害因素辨识、风险评价和控制措施的确定是 QHSE 体系运行的基础、核心和关键所在。

设立该要素的意图是通过危害因素辨识、风险评价和风险控制，力争实现 QHSE 管理体系方针和目标。

该要素主要包括以下方面的管理：生产安全风险分级防控、环境风险管理、质量风险管理、隐患排查治理、重大危险源管理等。

（2）管理要点：

① 生产安全风险分级防控：

生产安全风险防控是指在危害因素辨识和风险评估的基础上，预先采取措施消除或者控制生产安全风险的过程。企业及所属单位应依据集团公司《生产安全风险防控管理办法》《关于实施遏制重特大事故工作指南构建安全风险分级管控和隐患排查治理双重预防机制的意见》要求：

——建立风险分级防控的管理制度或明确要求。

——班组岗位开展危害因素辨识工作，如岗位写风险、参加班前会、参与工作前安全分析等。岗位员工熟悉岗位风险、防控措施和应急措施。

——车间站队建立生产作业活动清单、非常规作业活动和施工作业项目清单，开展危害因素辨识活动，建立危害因素清单，且及时更新。

——生产、设备、技术等职能部门，分专业开展生产作业活动安全、职业健康危害因素辨识工作。

——主管部门负责进行管理活动梳理和管理风险分析，确定主要风险、管控责任和措施，融入管控流程。

——生产工艺等部门依据《危险与可操作性分析工作管理规定》要求，对在役装置、新改扩建项目开展危险与可操作性分析。

——建立风险等级划分标准，使用适用工具方法，开展风险分析和评估工作，确定生产安全风险红、橙、黄、蓝四个等级。

示例 1-7　采油生产过程中的危害因素辨识及风险评价清单
（以某联合站探油水界面、检尺、取样操作为例）

序号	作业活动	操作步骤	危害因素	影响及后果	L	S	R	管控级别	现有控制措施/建议新增（改进）措施	备注
1	探油水界面、检尺、取样操作	上、下罐	未扶好扶梯，未系安全带	高处坠落	2	2	4	低风险	上、下罐时扶好扶梯，不得手抓工具；系好安全带	
			梯台损坏或油污、雪、冰、水未及时清理	摔伤、高处坠落	2	1	2	低风险	定期检查护栏、扶梯、操作台是否完好，及时清理油污、杂物、积水、积雪	
			上罐前未释放人体静电	火灾、爆炸					上罐前释放人体静电，正确穿戴防静电劳保用品	
		量油、检尺、取样	未选取防爆、专用检尺、取样、探油水界面用具	火灾、爆炸	2	3	6	一般风险	使用防爆、专用检尺、取样、深油水界面工器具	
			量油、检尺、取样时未站在上风口	中毒	1	2	2	低风险	选择上风口站位	

对分解的每个作业步骤制订控制措施

示例 1-8　采气生产过程中的危害因素辨识及风险评价清单
（以某集气站加热炉区为例）

序号	作业场所	设备设施	检查项目	危害因素	后果	L	S	R	管控级别	现有控制措施/建议新增（改进）措施	备注
1	加热炉区	常压加热炉	本体	炉体防腐不到位	炉体损坏	2	2	4	低风险	定期防腐，每年进行复检	
2			烟囱	配对法兰螺栓松动、密封垫破损	其他伤害	2	2	4	低风险	班组每日巡检确认烟道测试孔配对盲法兰密封严密	
3				地锚不稳固、拉线松弛	火灾、爆炸	2	2	4	低风险	班组每周检查确认支架绷绳地锚、绷绳角度合适作业区季度检查时将其列入检查项目	
4			防爆门	防爆门破损、开关卡阻	加热炉爆炸	2	3	6	一般风险	设备管理人员检查确认防爆门完好，发现破损时及时上报，更换维修	
5				风门卡阻						班组检查确认风门开关动作灵活，可调节	
6			燃烧器	联锁损坏					一般风险	数字化管理人员检查确认熄火保护功能联锁正常	
7				火焰探测器角度错误，未针对火焰燃烧头					低风险	设备管理人员检查确认火焰探测器角度调试正确，探测端对准火焰燃烧头	
8			安全附件	防爆门失效					低风险	每班进行检查	
9			燃气管线	管线支撑不稳，导致管线变形、管线破损	燃气泄漏	1	3	3	低风险	岗位级定期检查管线支撑完好稳固	
10			盘管	盘管腐蚀、炉水泄漏	设备损坏	3	2	6	一般风险	工艺管理人员确认防腐检测合格，建立台账，按年度进行检测，不合格时及时更换、维修	

对分解的每个设备部件制订控制措施

20

示例1-9 管理活动危害因素辨识及风险评价清单[以某单位质量安全环保科特种设备管理、教育培训管理（HSE）为例]

序号	管理活动	危害因素	后果	L	S	R	管控级别	现有控制措施/建议新增（改进）措施	相关文件	责任落实
1	特种设备管理	未建立特种设备管理制度或内容不健全、不符合实际	管理流程不畅、职责交叉	2	3	6	一般风险	建立厂级特种设备管理制度，明确责任、流程等，要求内容完整并进行宣贯培训	《中华人民共和国特种设备安全法》第七条、第十四条《长庆油田公司特种设备安全管理办法》（长油[2012]145号）《长庆油田分公司第三采油厂特种设备安全管理实施细则》（采油三厂字[2009]61号）	特种设备岗
		未按规定进行注册、登记	无使用登记证不能投入使用，造成经济损失	4	3	12	较大风险	特种设备投入使用前或者投入使用后三十日内按规定办理使用登记，取得使用登记证书		特种设备岗
		未建立特种作业人员管理制度或内容不健全、不符合实际	制度内容、责任内容不明确，管理流程不畅	2	4	8	一般风险	建立制度，明确责任，流程等，要求内容完整		特种设备岗
		特种设备作业人员未取得相应资质，证件过期未培训验证	违反相关法律法规、安全禁令要求，操作失误引发事故	5	3	15	较大风险	建立厂级特种设备作业人员台账信息，及时更新；组织制订并实施安排特种作业人员取、换证培训		特种设备岗
2	教育培训管理(HSE)	未上报年度HSE培训计划或培训计划内容缺失，岗位需求不明确、需求调查没有针对性	培训无针对性，效果达不到要求					根据上级下发的新的法律法规及需求培训调查结果，编制年度HSE培训计划上报厂培训主管部门	《中华人民共和国安全生产法》第二十二条《安全生产管理办法长庆油田分公司》（长油[2019]212号）《第三采油厂安全生产管理实施细则》（采油三厂字[2020]6号）	HSE培训岗
		未组织相关HSE培训	员工不能及时了解国家、地方、企业HSE法规、制度				一般风险	及时对员工进行国家、地方、企业HSE方面的新的法律法规、制度、标准内容的培训		HSE培训岗
		未建立培训档案，无法验证培训开展情况，不可追溯	发生事故事件，不能对员工参与培训活动进行追溯	1	2	2	低风险	建立健全培训档案		HSE培训岗

（管理活动每一项控制措施都有相关文件依据）

——油气田企业、二级单位、基层单位开展风险分级防控工作，逐级落实风险防控责任和风险防控措施。严格落实关键风险领域"四条红线"（高危和风险作业、油气泄漏、节假日和重要敏感时段施工作业、油气井井控）的风险管控。

——针对重点防控风险，编制并实施了方案，方案做到"五落实"（措施、责任、资金、时限和应急预案），落实资源保障。

根据油气田企业各单位生产及风险特点，一般的安全风险分级管控工作程序为：各类资料收集→合理划分风险点→危害因素辨识→风险评估→风险分级管控→绘制风险告知卡和四色图。具体如图1-5所示。

② 环境风险管理：

环境风险是指发生突发环境事件的可能性及可能造成的危害程度。油气田企业应依据《企业突发环境事件风险评估指南（试行）》：

——开展环境风险评估工作：

（1）建立环境风险评估制度。各级单位应建立环境因素与环境风险管理相关制度或明确相关要求，明确企业规划计划、财务预算、生产运行、工艺技术、设备设施、工程建设、安全环保等职能部门在环境因素与环境风险管理工作中的职责。各级单位要按规定定期组织开展突发环境事件隐患排查。

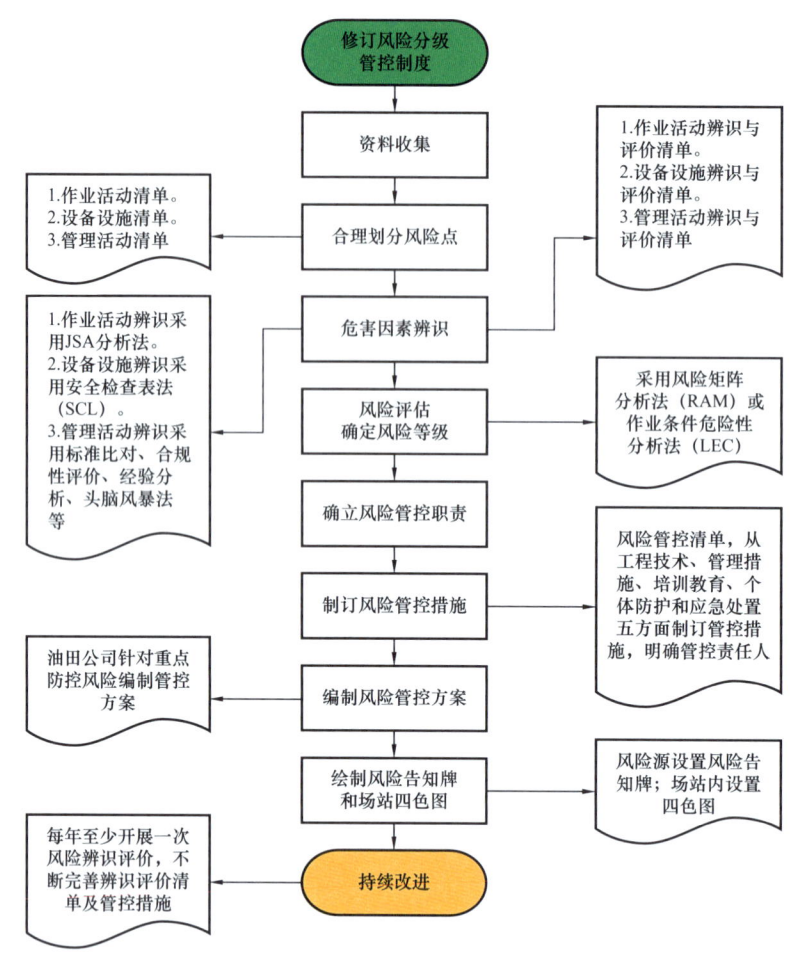

图 1-5　安全风险分级管控工作程序

（2）环境因素识别。各级单位要按计划组织开展环境因素识别工作，形成环境因素清单。同时，用适宜方法对环境因素重要性进行评价，形成重要环境因素清单。针对环境因素和重要环境因素，要制订控制措施。

（3）环境风险等级划定。各级单位评估方法选用要合理，环境风险物质临界量比值、工艺过程与环境风险控制水平、环境风险受体敏感性评估指标分级准确。同时，针对每个环境风险源各种可能的事故情景，按照地表水、土壤和地下水、大气不同环境要素逐一划定环境风险等级。取其中最高环境风险等级作为本企业或该环境风险源环境风险等级。企业最高环境风险可能不止 1 个，如同时存在多个最高等级的环境风险，需一并加以重点管理控制。

（4）编制环境风险评估报告。各级单位要按有关要求编制环境风险评估报告。同时，及时将环境风险评估信息录入 HSE 信息系统。

（5）环境风险识别与分析。各级单位应建立环境风险清单，并对可能的突发环境事件情景识别全面，每种情景下环境风险源强、环境风险释放途径、对环境风险受体可能产生的直接或次生后果、现有环境风险防控措施情况，以及可能发生的环境事件级别分析合理。

——完善环境风险防控措施：

各级单位依据环境风险评估结果，规范建立和完善突发环境事件风险防控措施，建立地表水、土壤和地下水、大气环境风险防控体系，并满足国家、集团公司相关规范要求。针对重大环境风险，制订并实施风险防控措施方案，逐层级落实防控责任部门和责任人，责任人应了解环境风险信息及防控与应急措施。

——输油管道环境风险防控管理：

油气田开发方案及涉及原油、成品油长输管道、其他液体危险化学品输送管道，企业应当开展原油集输管网环境风险专项论证，充分论证分析环境风险，并提出有效的防控措施。管道应避让环境敏感区和地质灾害地段，如必须穿越环境敏感区的管道时，应有所在地县级以上地方人民政府管理部门的批件。各建设单位应根据环境影响评价文件及其批复要求，落实各项环境风险防控措施。

③ 质量风险管理：

——培养质量风险意识。各级管理者清楚在负责的业务范围内，影响产品、工程和服务质量的风险，清楚风险带来的后果，清楚应对风险时应采取的措施。

——进行质量风险评价和管理。相关人员清楚风险评价和分级防控职责、流程及工作要求。"四新"应用前实施相关产品质量的评审、验证、确认工作，明确了消除或控制风险的措施。对产品、工程质量有影响的不利因素进行识别评价并制订防控措施。建立了产品、工程和服务放行及交付的风险防控措施。对不符合要求的产品和工程进行识别和控制，明确不合格产品和工程的风险防控措施。

④ 职业健康风险管理：

——本单位对照法律法规标准要求对作业场所进行危害因素辨识，全面排查作业场所职业病危害因素，充分考虑风险分类、职业危害因素危害性、暴露强度、接触时间、接触人数、防护水平、健康效应。

——组织开展职业病危害因素监测、接害岗位人员健康监测，配备适宜的劳动防护用具，制订并落实防控措施，确保职业健康风险管控有效。

⑤ 隐患排查治理：

油气田企业及所属单位应依据集团公司《安全环保事故隐患管理办法》《化工和危险化学品生产经营单位重大生产安全事故隐患判定标准（试行）》《较大安全环保隐患判定标准》《关于实施遏制重特大事故工作指南构建双重预防机制的意见》及《生态环境隐患排查治理实施规范（试行）》要求：

——制定生产安全事故和生态环境隐患管理制度，明确一般事故隐患判定标准和隐患评估分级标准。

——组织开展隐患排查工作，鼓励员工积极参与隐患排查工作。结合风险识别、专应建立合理的组织架构，开展 QHSE 教育培训，促进员工积极参与，落实全员 QHSE 职责，合理配置资源，健全制度规程并实施规范化管理。

《集团公司 QHSE 管理体系量化审核标准》中"5.4 组织结构、职责、资源和文件"包含 4 个审核主题，分别是机构、职责和 QHSE 投入，能力、培训和意识，制度和规程，协商与沟通。根据初级审核员培训大纲要求，在此重点对前三个审核主题进行介绍。

（一）机构、职责和 QHSE 投入

（1）概述：

机构和职责是要求油气田企业及所属二级单位建立完善 QHSE 组织机构，落实全员 QHSE 职责，形成纵向到底、横向到边、齐抓共管的工作格局。QHSE 投入主要是指油气田企业按照规定标准提取在成本中列支，专门用于完善和改进企业或项目安全生产条件的资金。

设立该要素的意图是通过确定适宜的组织结构，以及确定管理者代表，并明确其作用、职责和权限，以保证 QHSE 管理体系的运行。

该要素主要包括以下方面的管理：机构设置、人员资源配备、质量安全环保责任制、QHSE 投入等。

（2）管理要点：

① 机构设置：

油气田企业及二级单位应依据集团公司《安全生产管理规定》《环境保护管理规定》《职业卫生管理办法》《质量管理办法》《井筒质量管理规定》《工程建设项目质量管理规定》及《工程建设项目质量监督管理规定》要求，成立 HSE 委员会和专业委员会，定期组织会议；设置 QHSE 管理机构、QHSE 监督机构，根据需要设置环境监测机构、质量检验机构。

② 人员资源配备：

油气田企业及二级单位应配备安全总监、安全副总监，配备比例符合规定且学历、职称、注册安全工程师资格等满足要求的 QHSE 专兼职人员。如炼化和销售企业专职安全生产监管人员应不少于企业员工总数的 2%，其他企业专职安全监管人员配备比例不得低于员工总数的 1.5%。

③ 质量安全环保责任制：

油气田企业各级主要负责人应依据《安全生产法》《产品质量法》等法律法规要求，以及集团公司《安全生产和环境保护责任制管理办法》《员工安全环保履职考评管理办法》等规章制度规定：

组织建立健全本单位 QHSE 责任制、安全生产述职制度，建立健全本单位岗位安全生产责任清单，并定期跟踪落实考核落实情况。各单位建立的安全生产和环境保护责任

制、安全生产述职制度、岗位安全生产责任清单应每三年最少评审一次，与岗位工作和风险管控相匹配，持续改进完善，实施动态管理。各级员工应清楚本岗位 QHSE 职责要求，并作出安全承诺。

④ QHSE 投入：

油气田企业财务、预算、劳资等部门依据《企业安全生产费用提取和使用管理办法》、集团公司《质量安全环保节能先进评选办法》《安全生产管理规定》及《质量管理办法》要求：

建立 QHSE 工作经费投入的保障机制，按规定足额提取安全生产费用，并专款专用。建立 QHSE 奖励机制，对 QHSE 工作中有突出贡献的集体和个人奖励。

（二）能力、培训和意识

（1）概述：

安全环保履职能力评估是指对员工是否具备相应岗位所要求的安全环保能力进行评估，评估结果作为上岗考察依据。QHSE 培训是指围绕 QHSE 意识、知识和能力，提高员工 QHSE 素质和标准化操作能力、增强 QHSE 履职能力，避免和预防事故和事件发生为目的的教育培训活动。

设立该要素的意图是通过有效的能力评估和培训，确保员工具备所需的意识和能力，能够胜任其承担的任务和职责。

该要素主要包括以下方面的管理：安全环保履职能力评估、QHSE 培训、QHSE 文化建设等。

（2）管理要点：

① 安全环保履职能力评估：

油气田企业及各单位应依据集团公司《员工安全环保履职考评管理办法》要求：

——建立安全环保履职能力评估相关制度，制订评估标准和工作计划。

——组织开展员工安全环保履职能力评估，对变动到关键岗位的人员和在职关键岗位人员，如生产、安全等关键岗位的领导干部，以及转岗和重新上岗的一般员工，组织开展安全环保履职能力评估。

——评估结果得到有效应用。如对能力评估结果不合格人员，落实针对性的改进措施，直线领导对直接下属的改进进行跟踪与督导。

——人员 QHSE 能力符合岗位要求。

② QHSE 培训：

油气田企业及各单位应依据集团公司《HSE 培训管理办法》《关于进一步规范和加强 HSE 培训工作的指导意见》要求：

——建立 HSE 培训管理制度或明确相关管理要求。

——开展培训需求分析，制订培训计划并有效实施。

——建立基层岗位 HSE 培训矩阵，多种方式组织开展基层 HSE 培训。

——配备或提供了满足需要的培训资源。

——需持证上岗的人员按有关规定培训取证；健全员工培训档案，组织对 QHSE 培训效果进行评估，员工 QHSE 能力满足岗位需求。

——新入职、转岗员工开展三级安全教育：对新上岗、调岗或离岗六个月后重新上岗的员工，应按照相关规定参加三级安全教育，培训学时满足法律法规要求。

——实施新工艺、新技术或使用新设备、新材料时，应及时组织相关人员进行针对性安全及技术培训。

——及时组织对 HSE 培训效果进行评估，并落实改进措施，定期对培训工作组织实施、效果等进行分析总结，并制订改进措施。

③ QHSE 文化建设：

——积极推进 QHSE 文化建设，采用多种形式开展 QHSE 宣传教育活动。如利用新闻媒体或网络形式，组织开展质量月、安全月、环境日、健康周、消防日、警示日等主题宣传教育活动。

——安全经验分享得到广泛开展，如各级领导干部带头，利用会议、培训，基层班组安全活动等时机开展安全经验分享活动，基层岗位员工主动结合自身经历开展安全经验分享。

（三）制度和规程

（1）概述：

规章制度是指集团公司总部和所属油气田企业依据职责和权限，按照规定程序制定的规范内部生产经营管理活动和员工行为、具有长期约束力的规范性文件。

该要素主要包括以下方面的管理：管理制度和操作规程等。

（2）管理要点：

① 管理制度：

油气田企业应依据集团公司《规章制度管理办法》要求：

建立覆盖企业生产经营全过程、满足风险管控要求的管理制度体系，并实现管理制度与体系文件一体化融合。制度管理规范、有效。职能部门开展了本业务相关管理制度培训，相关人员清楚制度要求。记录管理规范、内容真实。

② 操作规程：

油气田企业应依据集团公司《安全生产管理规定》《质量管理办法》《井筒质量管理规定》及《工程建设项目质量管理规定》要求：

示例 1-11　某单位油气处理站（外输岗长）HSE 培训矩阵

油气处理站（外输岗长）HSE 培训矩阵

编号	培训内容	培训课时	培训周期	培训方式	培训效果	培训师资	备注
1	通用HSE知识						
1.1	HSE职责、权力、义务、责任	0.5	一年	课堂或会议	掌握	队长或安全员	
1.2	安全用电常识	0.5	三年	课堂+现场	掌握	队长或安全员	
1.3	安全用火常识	0.5	三年	课堂+现场	掌握	队长或安全员	
1.4	石油安全常识	0.5	三年	课堂+现场	掌握	队长或安全员	
1.5	天然气安全常识	0.5	三年	课堂+现场	掌握	队长或安全员	
1.6	危害因素识别知识	0.5	一年	课堂+现场	掌握	队长或安全员	
1.7	"两书一表一卡"应用	0.5	一年	课堂+现场	掌握	队长或安全员	
1.8	反违章禁令	0.5	一年	课堂或会议	掌握	队长或安全员	
1.9	安全标志标识	不限	随时	不限	了解	队长或安全员	
1.10	劳动防护用品使用	0.5	三年	课堂+现场	掌握	队长或安全员	
1.11	硫化氢防护	1	三年	课堂+现场	掌握	队长或安全员	
1.12	乘车安全常识	0.5	一年	课堂或会议	掌握	队长或安全员	
1.13	饮食卫生常识	0.5	一年	课堂或会议	了解	队长或安全员	
1.14	环境保护基本常识	0.5	三年	课堂或会议	了解	队长或安全员	
1.15	工作外安全	0.5	一年	课堂或会议	了解	队长或安全员	
1.16	灭火器材使用	0.25	三年	课堂+现场	掌握	队长或安全员	
1.17	应急逃生	0.5	一年	课堂+现场	掌握	队长或安全员	
1.18	常见伤害、疾病急救	0.5	三年	课堂+现场	掌握	队长或安全员	
1.19	事故事件报告	0.25	三年	课堂	掌握	队长或安全员	
1.20	事故案例	不限	随时	不限	了解	所有人员	
2	岗位基本操作技能						
2.1	油罐（包括含油污水罐）运行、维护						
2.1.1	油罐运行检查	0.5	三年	课堂+现场	掌握	队长或技术员、其他培训师	
2.1.2	油罐进油、出油、倒罐	0.5	三年	课堂+现场	掌握	队长或技术员、其他培训师	
2.1.3	油罐量油	0.5	三年	课堂+现场	掌握	队长或技术员、其他培训师	
2.1.4	油罐阀门安装、维护、修理	0.5	三年	课堂+现场	掌握	队长或技术员、其他培训师	
2.1.5	油罐液位仪（浮标）安装、维护、修理	1	三年	课堂+现场	掌握	队长或技术员、其他培训师	
2.1.6	油罐压力表安装、维护	0.5	三年	课堂+现场	掌握	队长或技术员、其他培训师	
2.1.7	油罐安全阀安装、维护、修理	1	三年	课堂+现场	掌握	队长或技术员、其他培训师	
2.1.8	油罐呼吸阀安装、维护、修理	1	三年	课堂+现场	掌握	队长或技术员、其他培训师	
2.1.9	油罐阻火器安装、维护	0.5	三年	课堂+现场	掌握	队长或技术员、其他培训师	
2.1.10	油罐灭火装置安装、维护、修理	0.5	三年	课堂+现场	掌握	队长或技术员、其他培训师	
2.1.11	油罐区维护	0.25	三年	课堂+现场	掌握	队长或技术员、其他培训师	
2.1.12	油罐清检						
2.1.13	油罐标定	0.5	三年	课堂+现场	掌握	队长或技术员、其他培训师	
2.2	离心泵安装、运行、维护、修理						
2.2.1	离心泵运行检查	0.25	三年	课堂+现场	掌握	队长或技术员、其他培训师	
2.2.2	离心泵安装	1	三年	课堂+现场	掌握	队长或技术员、其他培训师	
2.2.3	离心泵启停、倒泵操作	0.5	三年	课堂+现场	掌握	队长或技术员、其他培训师	
2.2.4	离心泵盘根更换	1	三年	课堂+现场	掌握	队长或技术员、其他培训师	
2.2.5	离心泵排量、压力控制	0.25	三年	课堂+现场	掌握	队长或技术员、其他培训师	
2.2.6	离心泵维护	0.5	三年	课堂+现场	掌握	队长或技术员、其他培训师	
2.2.7	离心泵修理	1	三年	课堂+现场	掌握	队长或技术员、其他培训师	
2.3	齿轮泵安装、运行、维护、修理						
2.3.1	齿轮泵运行检查	0.25	三年	课堂+现场	掌握	队长或技术员、其他培训师	
2.3.2	齿轮泵安装	1	三年	课堂+现场	掌握	队长或技术员、其他培训师	
2.3.3	齿轮泵启停、倒泵	0.25	三年	课堂+现场	掌握	队长或技术员、其他培训师	
2.3.4	齿轮泵盘根更换	0.5	三年	课堂+现场	掌握	队长或技术员、其他培训师	
2.3.5	齿轮泵排量、压力控制	0.25	三年	课堂+现场	掌握	队长或技术员、其他培训师	
2.3.6	齿轮泵维护	0.5	三年	课堂+现场	掌握	队长或技术员、其他培训师	
2.3.7	齿轮泵修理	1	三年	课堂+现场	掌握	队长或技术员、其他培训师	
2.4	流程切换、控制						
2.4.1	收发油	0.5	三年	课堂+现场	掌握	队长或技术员、其他培训师	
2.4.2	抽排水	0.5	三年	课堂+现场	掌握	队长或技术员、其他培训师	
2.5	流量计安装	1	三年	课堂+现场	掌握	队长或技术员、其他培训师	
2.6	过滤缸维护、修理						
2.6.1	过滤缸清洗	0.5	三年	课堂+现场	掌握	队长或技术员、其他培训师	
2.6.2	过滤缸换网	0.5	三年	课堂+现场	掌握	队长或技术员、其他培训师	
2.7	工艺管线、阀门安装、维护、修理						
2.7.1	工艺管线铺设	0.5	三年	课堂+现场	掌握	队长或技术员、其他培训师	
2.7.2	工艺管线修补	0.5	三年	课堂+现场	掌握	队长或技术员、其他培训师	
2.7.3	工艺管线吹扫、置换	0.5	三年	课堂+现场	掌握	队长或技术员、其他培训师	
2.7.4	工艺管线酸洗	0.5	三年	课堂+现场	掌握	队长或技术员、其他培训师	
2.8	挖掘作业	0.25	三年	课堂+现场	掌握	队长或技术员、其他培训师	
2.9	防腐、保温作业	0.25	三年	课堂+现场	掌握	队长或技术员、其他培训师	
2.10	电工操作						
2.10.1	电工操作前检查	0.5	三年	课堂+现场	掌握	队长或技术员、其他培训师	
2.10.2	配电柜操作	0.5	三年	课堂+现场	掌握	队长或技术员、其他培训师	
2.11	应急处置	2	一年	课堂+现场	掌握	队长或技术员、其他培训师	
3	生产受控管理流程						
3.1	作业许可	0.5	三年	课堂+现场	了解	队长或安全员	
3.2	目视化管理	0.25	三年	课堂+现场	了解	队长或安全员	
3.3	工作前安全分析	0.5	三年	课堂+现场	掌握	队长或安全员	
3.4	工艺安全分析	1	三年	课堂+现场	了解	队长或安全员	
3.5	工艺、设备设施安全管理	0.5	三年	课堂+现场	了解	队长或安全员	
3.6	工用具管理	0.5	三年	课堂+现场	掌握	队长或安全员	
3.7	变更管理	0.5	三年	课堂+现场	掌握	队长或安全员	
3.8	上锁挂签	0.5	三年	课堂+现场	掌握	队长或安全员	
3.9	承包商监管	0.5	三年	课堂+现场	掌握	队长或安全员	
4	HSE理念						
4.1	HSE管理原则	0.25	三年	课堂或会议	了解	队长或安全员	
4.2	有感领导	0.25	三年	课堂或会议	了解	队长或安全员	
4.3	直线责任	0.25	三年	课堂或会议	了解	队长或安全员	
4.4	属地管理	0.5	三年	课堂或会议	了解	队长或安全员	
4.5	职业操守	0.25	三年	课堂或会议	了解	队长或安全员	
4.6	个人愿景、行动计划	0.5	三年	课堂或会议	了解	队长或安全员	
4.7	安全行为观察与沟通	1	三年	课堂或会议	掌握	队长或安全员	

与设备设施操作与保养规程工作循环分析。坚决反对"违章指挥、违章操作及违反劳动纪律"。

——维护保养。设备设施日常"十字"（调整、紧固、润滑、保养、清洁）作业执行到位，设备性能良好、运转正常、无超温、超压、超负荷现象，无明显脏、松、缺和油、水、汽、气、电等介质、能量泄漏现象，关键部位无明显腐蚀，防护设施和安全附件齐全有效。主要设备设施标识（设备名称、规格型号、运行状态、关键参数、自编号等）清晰完整。及时排查整治"四条红线""五个零容忍"等相关严重隐患，停用设备应完全退出使用状态，必要时进行流程截断或彻底拆除。

——状态监测。制定或落实重点设备状态监测或故障诊断相关管理制度。定期组织或开展重点设备在线或离线状态监测及故障诊断（或类似工作）工作，原始记录完整。对状态监测或故障诊断结果进行分析和有效应用，制订改进措施，做到分析完整和措施有效。

——检验检测。定期开展特种设备、井下作业设备等高风险设备，以及见管道及阀门、站场储罐、加热炉等设备设施及安全附件检验检测，并保留记录；管理台账和记录与现场位置、状态对应。建立基于风险的检验工作计划，提供检验合格证或同等有效文件；对检验不合格情况及时进行修复。

——检维修与改造。根据生产发展的需要和设备的A、B、C分类及实际技术状况，预防性维护保养策略和预知维修策略及事后维修策略相结合。基于工艺、设备安全操作要求，健全完善检维修制度规程或措施，结合现场实际使用情况、监测情况和运行状况制订必要的检维修计划，适时开展设备检维修及改造。

——变更管理。一是人员变更：设备管理、技术和操作关键岗位人员变更之前，进行能力评估，按规定进行审批，临时替岗人员能力经过确认，风险得到有效管控。关键岗位变更人员，组织对其进行培训，要求做到清楚本岗位职责、风险管控要求等。临时替岗的人员能力经过确认，并进行有效管理。二是设备变更：严格执行Q/SY 08237《工艺和设备变更管理规范》要求，开展设备变更危害辨识和风险评估，制订并落实相应风险控制措施；设备变更实施前应按规定办理审批手续；设备变更后，应及时更新完善相关信息（如设备档案、设备台账、设备操作规程、应急处置程序等内容），并组织必要的沟通与培训。

——备用、停用管理。建立备用设备定期切换、停用设备管理制度并得到落实，备用、停用设备做好能量隔离和介质排空或置换，定期盘车试运和维保润滑，相关记录完整；备用机组、泵完好，维护良好，随时可以正常启用。

——专业管理。是指勘探开发上游业务各类油气站场、管道设备设施中专业性较强的及QHSE管理关注的污染防治、清洁生产、环保治理、交通和安全等方面的设备设施，具有专业管理共性特点的管理要点，管理阶段上侧重运行管理，兼顾前期管理和后期管理。

④ 后期管理：

后期管理是指由于生产实际或技术工艺状况发生变化，或由于设备技术性能下降、投产役龄、国家政策淘汰等原因导致设备不能正常使用后，处于闲置、调剂调拨、待报废、待处置阶段的管理，以及延伸到租赁管理。

——闲置管理。建立油气井地面生产设备、管道、储罐等闲置设备设施管理台账。

——调剂调拨。调剂的设备设施应处于完好状态，开展调剂设备设施完好状态的评估或验收，技术和性能指标符合QHSE管理要求。

——租赁管理。租赁的设备设施应处于完好状态，开展租赁设备设施完好状态的评估或验收，技术和性能指标符合QHSE管理要求。

——报废处置。对设备设施实施报废处置，需进行风险识别，制订风险控制措施并形成文件。报废设备设施应有明显标识。涉及非常规作业和承包商的报废设备实施处置项目，按作业许可和承包商管理要求执行。

⑤ 完整性管理：

完整性管理是指通过收集、检验检测、监测等方式采集的信息，对站场和管道运营中面临的风险因素进行识别和评价，并不断采取针对性的风险减缓措施，将风险控制在合理、可接受的范围内，使管道和站场始终处于可控状态，预防和减少事故发生，为其安全经济运行提供保障。

——站场完整性管理。对油气田站场开展分级分类管理，有分类分级台账，且内容完善。将油田站场和气田站场分为三类。油气田企业可结合自身实际，适当调整站场的类别。

——管道完整性管理。依据管道完整性管理程序；完整性管理审核、考核与效能评价管理办法，Q/SY 05180《管道完整性管理规范》（第1部分 总则、第2部分：管道高后果区识别、第3部分：管道风险评价、第4部分：管道完整性评价、第6部分：数据采集）等要求，对管道开展分类、分级管理：一是按照介质类型、压力等级和管径等因素，将管道划分为Ⅰ、Ⅱ、Ⅲ类管道，油气田企业可结合自身实际，适当调整分类接线，按照分级建立相关台账，完善准确，更新及时。二是管道按照风险大小可划分为高风险级管道、中风险级管道和低风险级管道三个等级，按照分级建立相关台账，完善准确，更新及时。三是对不同类型、不同风险的管道制定，制定年度管道失效率目标，并建立不同的完整性管理工作方法和管理模式，制定规划方案和年度工作方案。

（二）承包商管理

（1）概述：

承包商是指在油气田企业范围内承担工程建设、工程技术服务、装置设备维修检修等建设（工程）项目的单位，分为内部承包商和外部承包商。

设立该要素的意图是通过对承包方施加影响和管理，促使承包方的健康、安全与环境管理满足组织的要求，提高组织的QHSE绩效。

该要素主要包括以下方面的管理：承包商管理制度或要求、承包商关键人员培训、承包商准入审查、选择、准入评估、现场监管、评估及结果应用。

（2）管理要点：

油气田企业及所属二级单位应依据集团公司《承包商安全监督管理办法》《工程建设及检维修承包商管理办法》《工程建设分承包商管理办法》《关于强化外部承包关键岗位人员 HSE 培训工作的通知》《承包商安全管理五条禁令》《关于进一步加强承包商施工作业安全准入管理的意见》《关于强化外部承包商监管的通知》等要求：

① 承包商管理制度或要求：

明确承包商管理部门，建立承包商管理制度或明确相关要求；明确了承包商准入、选择、使用、绩效评估等各阶段管理要求；承包商主管部门及管理人员清楚相关管理职责、流程和工作要求。

② 承包商关键人员培训：

每年对一、二类承包商和工程技术服务承包商以外的承包商的主要负责人、安全管理人员及关键岗位人员等进行安全培训与考核发证。

③ 承包商准入审查：

按规定对承包商的生产经营、安全生产等资质进行准入审查；结果由准入管理部门、业务主管部门、安全管理部门审查确认；建立合格承包商目录并及时更新。

④ 承包商选择：

——结合项目风险和质量要求，按招投标或谈判等管理流程选择、确定承包商；承包商招标文件或谈判记录明确项目风险、质量要求及承包商资质、能力、标准、职业健康监护等要求；明确列支安全环保、职业健康监护的专项费用内容。

——与中标单位签订服务合同、安全生产合同和 HSE 承诺；合同中明确承包商开展职业健康监护工作和质量工作的相关要求；工程项目有分包的，在与中标单位签订的总包合同等相关资料中明确分包的有关 HSE 要求，对承包商与分包单位签订的安全生产合同进行备案管理；组织同一作业区域内的不同承包商之间签订安全生产管理协议，指定专职安全监督管理人员进行安全检查与协调。

⑤ 承包商准入评估：

——对承包商的项目关键人员进行专项培训，对参加项目的所有承包商员工进行入场（厂）安全教育，考核合格发放入场（厂）证；开工前进行安全和技术交底。

——按项目类别制定、细化承包商施工前能力准入评估标准。

——组织对承包商队伍人员资质能力、设备设施安全性能、安全组织架构和管理制度、开展准入评估。出具专项评估报告，问题得到有效整改。

⑥ 承包商现场监管：

——对三类及以上工程项目、四类中的高风险工程项目、工程技术服务项目等，建立以建设单位为主体、承包商参与的 HSE 委员会，定期会商研判重大风险。结合项目规模和风险程度派驻工程监理、QHSE 监督人员。

——向承包商作业提供符合 HSE 要求的生产条件和作业环境。

——所有施工作业现场实行封闭管理，出入口设置门岗值班，固定作业场所和有条件的野外施工现场设置门禁，其他现场设置专人进行出入登记。承包商作业人员凭培训合格证明办理入场证。

——属地单位对承包商施工作业过程开展日常监督检查。加强承包商非常规作业作业许可管理，加强审查审批、施工交底与过程监管，确保施工方案措施落实到位，并留有记录。

——工程监理、QHSE 监督人员按要求对作业过程进行现场监管和监督检查。严格执行高危作业区域安全生产"区长"制。

——项目管理部门定期监督检查项目部或者属地单位安全生产职责履行情况。

——将承包商施工现场纳入 QHSE 体系审核，现场监督检查和审核中发现的问题要进行及时处理、整改或清退。

——施工项目结束时，组织属地单位和安全部门对承包商服务、HSE 合同履行情况签署意见。

⑦ 承包商评估及结果应用：

——明确承包商绩效评估要求，组织开展承包商绩效评估，并有属地单位评估意见。

——评估结果在下次承包商的选择使用中得到有效应用。如优先选用评估等级为优秀的承包商，严格落实承包商队伍和人员"黑名单"制度，及时清退不合格承包商队伍和严重违章的施工作业人员。

（三）作业许可

（1）概述：

作业许可是指在从事高危作业（如进入受限空间、动火、挖掘、高处作业、移动式起重机吊装、临时用电、管线打开等）及缺乏工作程序（规程）的非常规作业等之前，为保证作业安全，必须取得授权许可方可实施作业的一种管理制度。

设立该要素的意图是通过识别并确认高风险作业，实施作业许可，有效控制及降低作业现场风险和影响，确保 QHSE 目标的实现。

该要素包括以下方面的管理：作业许可的范围界定、申请、批准、实施、取消、延期和关闭，以及作业许可证管理。

（2）管理要点：

油气田企业、二级单位应依据集团公司《作业许可管理规定》《动火作业安全管理办法》《高处作业安全管理办法》《进入受限空间作业安全管理办法》《临时用电作业安全管理办法》《高危作业安全生产挂牌实施办法》等要求：

① 作业许可范围界定：

——建立作业许可管理制度，将高危作业和非常规作业纳入作业许可管理范畴。针对不同的作业许可类别，建立明确的施工作业项目清单并定期更新。

——对作业申请人、作业批准人、属地监督、作业监护人、作业人员等进行相应培训，相关人员掌握作业许可的管理要求和办理流程。明确实行集中时间、固定地点开展计划性动火等高危作业活动的要求。

② 作业许可申请：

高风险作业按规定预约公示、办理作业许可，作业项目按规定进行工作前安全分析，开展风险识别、落实管控措施，并挂牌公示区长信息。

③ 作业许可批准：

作业许可审批前应经过书面审查和现场核查，且现场签批作业许可票证；相关作业许可按要求进行升级管理。

④ 作业许可实施：

作业实施过程中，按照要求设置作业监护人与属地监督，并履行职责。确保现场持续有效落实气体检测、能量隔离、个人防护和应急等各项风险防控措施。加强对交叉作业、变更管理（工艺设备及人员）监管力度。

⑤ 作业许可关闭：

作业实施结束后，关闭作业许可票证。完工后的作业现场做到"工完、料净、场地清"，没有隐患遗留。由申请人和批准人现场签字关闭作业许可票证，时间符合相关要求，不允许代签。

⑥ 作业许可管理：

作业许可票证管理规范，开展了作业许可票证的统计分析，对作业许可管理进行优化和改进。利用现代化电子手段实施作业许可现场管理，提高作业许可管理效率和安全可靠性。

（四）健康管理

（1）概述：

健康是指影响工作场所内员工、临时工作人员、合同方人员、访问者和其他人员身体、精神、行为等方面达到良好状态的条件和因素。

职业健康是指油气田企业应建立、实施和保持程序，为工作场所的人员提供符合职业健康要求的工作环境和条件，配备与职业健康保护相适应的设施、工具，定期对作业场所职业危害进行检测，在检测点设置标识牌予以告知。对可能发生急性职业危害的有毒、有害工作场所，应采取应急准备和应急响应措施。油气田企业应对工作场所的人员进行职业危害告知，并对存在严重职业危害的作业岗位现场设置职业危害警示和警示说明。油气田企业应按法规要求进行职业危害因素申报。

示例 1-16　作业许可管理流程图

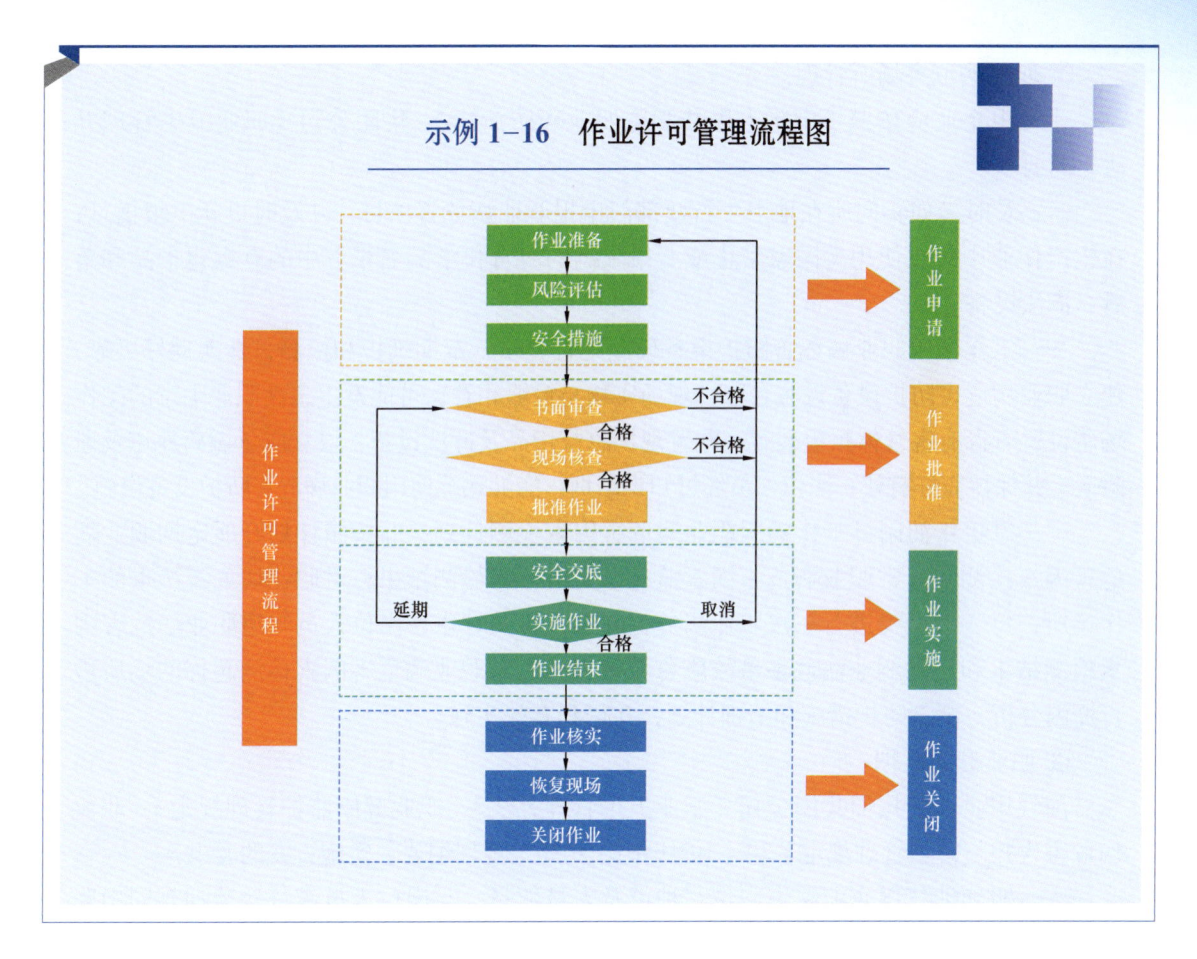

设立该要素的意图是通过对作业场所工作环境和条件的管理，以及员工职业防护措施的控制，以符合职业健康要求，预防职业病发生。

该要素主要包括以下方面的管理：职业卫生管理制度、职业病危害场所管理、职业健康监护、劳动防护用品管理、职业卫生档案管理、企业公共卫生管理、健康企业建设、员工健康体检、员工非生产亡人事件管理。

（2）管理要点：

① 职业卫生管理制度：

油气田企业应按照集团公司《职业卫生管理办法》的要求：

建立健全职业卫生管理、员工健康管理相关规章制度，明确职业危害申报、职业病危害场所检测、接害岗位人员的健康监护、职业卫生档案管理、职业病报告等要求，管理人员清楚相关要求。设置职业卫生管理机构，配备满足需要的专兼职职业卫生管理人员，定期对职业卫生管理人员进行能力评估，承担职业病危害场所检测和健康监护工作的职业卫生技术服务机构具备相应的资质和能力。

② 职业病危害场所管理：

油气田企业应按照《中华人民共和国职业病防治法》、集团公司《职业卫生管理办法》的要求：

——及时、如实向所在地卫生行政部门申报职业病危害项目，并及时更新申报信息；在生产作业中禁止使用《国家禁止或严格限制的有毒化学品名录》中的有毒化学品和落后、淘汰设备。

——工作场所职业病危害防护设备设施配置齐全，定期维护和检测，性能良好可靠，建立职业病危害防护设备设施台账，现场实物与台账相符；可能发生急性职业中毒的工作场所设置有毒有害气体报警装置，配置现场急救用品及冲洗设备，设立应急撤离通道及泄险区，并保持完好有效；岗位人员经过知识培训，能够熟练使用职业病危害防护设备设施。

——每年年初制订工作场所职业病危害因素检测计划，并按照计划开展定期职业病危害因素检测和日常职业病危害因素监测，及时公告检测结果；对职业病危害严重的工作场所，每三年至少进行一次职业病危害现状评价及评审；岗位人员知道职业病危害因素检测结果和熟悉职业病危害事故应急救援措施，对职业病危害因素检测超标的场所进行原因分析，制订防护措施和治理计划，并得到有效实施。

③ 职业健康监护：

油气田企业应按照集团公司《职业卫生管理办法》《职业健康监护管理规定》《职业病危害告知与警示管理规定》和《"健康中国2030"规划纲要》实施方案的要求：

——明确油气田企业接害岗位、种类及人员数量，与岗位人员签订的劳动合同中明确工作场所存在的职业病危害因素和防护措施，岗位人员清楚本岗位存在的职业病危害因素和防护措施。

——产生严重职业病危害的作业岗位，在醒目位置设置警示标识、中文警示说明和职业病危害告知卡，在使用高毒物品作业岗位醒目位置设置高毒物品告知卡，标明职业病危害因素名称、理化特性、健康危害、接触限值、防护措施、应急处理及急救电话、职业病危害因素检测结果及检测时间等，员工清楚本岗位高毒物品危害、防护措施及应急措施。

——合理制订员工职业健康体检计划并上报，内容至少包括：接害岗位、主要危害因素、接害人数、应检人数、检查项目、检查周期等，体检计划覆盖所有需要进行岗前、岗中、离岗、应急体检的接害岗位人员，确保体检率100%，并将体检结果及时、如实、书面告知员工，及时安排有需要员工进行复查和医学观察。

——及时报告职业病发生情况，出现新发生职业病（职业中毒）或两例以上疑似职业病（职业中毒），按规定及时向政府和上级有关部门报告，无瞒报、漏报；及时安排疑似职业病患者进行诊断、鉴定，对诊断为职业病的患者以及职业禁忌症员工采取治疗、疗养、调换工作等措施，并跟踪观察患者治疗康复情况。及时、准确将职业病信息录入集团公司HSE信息系统。

示例 1-17　职业病危害告知卡

	工作场所存在苯，对人体有损害，请注意防护	
苯（皮） Benzene (skin) 当心中毒 Caution,poisoning	理化特性	健康危害
^	无色液体，有芳香气味，易挥发。不溶于水，与有机溶剂混溶。遇氧化剂或卤素剧烈反应；遇热、明火易燃烧、爆炸	可经皮肤、呼吸道进入人体。主要损害神经和造血系统。短时间大量接触可引起头晕、头痛、恶心、呕吐、嗜睡、步态不稳，重者发生抽搐、昏迷。长期过量接触可引起白细胞减少、再生障碍性贫血、白血病
^	应急处理	
^	抢救人员穿戴防护用具；立即将患者移至空气新鲜处，去除污染衣物；注意保暖、安静；皮肤污染时用肥皂水清洗，溅入眼内用流动清水或生理盐水冲洗，各至少20min；呼吸困难时给氧，必要时用合适的呼吸器进行人工呼吸；立即与医疗急救单位联系抢救	
^	防护措施	
^	IDLH浓度为9800mg/m³，属有机蒸气。密闭、局部排风、呼吸防护。禁止明火、火花，高热，使用防爆电器和照明设备。工作场所禁止饮食、吸烟	
^	必须穿防护服　必须佩戴防护眼镜　必须戴防护手套　必须戴防毒面具　注意通风	
标准限值：PC-TWA：6mg/m³　PC-STEL：10mg/m³	检测数据：	检测日期：　年　月　日
急救电话：120　消防电话：119	辽河油田疾病预防控制中心0427-7268877	

示例 1-18　化学品中文警示说明

甲醛	
分子式：HCHO　　　相对分子质量30.03	
理化特性	常温为无色、有刺激性气味的气体，沸点：-19.5℃，能溶于水、醇、醚，水溶液称福尔马林，杀菌能力极强。15℃以下易聚合，置空气中氧化为甲酸
可能产生的 危害后果	低浓度甲醛蒸气对眼、上呼吸道黏膜有强烈刺激作用，高浓度甲醛蒸气对中枢神经系统有毒性作用，可引起中毒性肺水肿。 主要症状：眼痛流泪、喉痒及胸闷、咳嗽、呼吸困难、口腔糜烂、上腹痛、吐血、眩晕、恐慌不安、步态不稳、甚至昏迷。皮肤接触可引起皮炎，有红斑、丘疹、瘙痒、组织坏死等
职业病危害 防护措施	1. 使用甲醛设备应密闭，不能密闭的应加强通风排毒。 2. 注意个人防护，穿戴防护用品。 3. 严格遵守安全操作规程
应急救治 措施	1. 撤离现场，移至新鲜空气处，吸氧。 2. 皮肤黏膜损伤，立即用2%的碳酸氢钠（NaHCO$_3$）溶液或大量清水冲洗。 3. 立即与医疗急救单位联系抢救

示例 1-21 职业卫生档案基本概况表

单位					
注册地址			工作场所地址		
法定代表人			联系电话		
从业人员数（人）		接触职业病危害因素人数（人）		合同告知职业病危害人数（人）	
建立职业健康监护档案人数（人）		职业病危害作业场所数（个）		设置警示标识作业场所数（人）	
应职业卫生培训人数（人）		实际职业卫生培训人数（人）		专职职业卫生管理人数（人）	
兼职职业卫生管理人数（人）		应职业病危害预评价项目数（个）		实际职业病危害预评价项目数（个）	
应职业病危害控制效果评价项目数（个）		实际职业病危害控制效果评价项目数（个）		职业病危害申报	☐ 已申报 ☐ 未申报

主要负责人职业卫生培训	☐ 已培训 ☐ 未培训	应职业健康检查人数（人）			实际职业健康检查人数（人）		
		岗前	在岗	离岗	岗前	在岗	离岗

新发职业病病例数（人）						累计职业病病例数（人）					
合计	尘肺	职业中毒	噪声聋	职业性皮肤病	其他	合计	尘肺	职业中毒	噪声聋	职业性皮肤病	其他

应职业病危害因素检测场所数（个）				实际职业病危害因素检测场所数（个）			
合计	毒物	粉尘	物理因素	其他	合计	毒物	粉尘	物理因素	其他

交叉档案保管说明	

⑥ 企业公共卫生管理：

油气田企业应按照集团公司《职业卫生管理办法》的要求：

——制定公共卫生管理要求，明确公共卫生管理机构，配备满足需要的专兼职公共卫生管理人员，管理人员清楚相关管理要求。

——对制定公共卫生事件应急预案及各类工作场所突发疫情现场处置预案，内容完整、职责明确、流程清晰，按所在地政府和上级部门要求，做好重大传染病的预防和监控工作。

——制定重大疫情防控工作实施方案，落实疫情防控措施，配备疫情防控物资，对人员聚集场所实施全覆盖排查，严格落实早发现、早报告、早隔离、早治疗要求，对员工及家属确诊病例、疑似病例、医学观察和居家隔离等四类人员，均实施"一人一策"管理。

——建立与所在地政府和上级部门信息联络的渠道，及时、准确收集、处理和报告重大疫情信息，无漏报、迟报、谎报、瞒报疫情信息现象。

⑦ 健康企业建设：

油气田企业应按照《关于推进健康企业建设的通知》（全爱卫办发〔2019〕3号）、《"健康中国2030"规划纲要》实施方案和《中国石油天然气集团有限公司健康企业建设推进方案》（中油质安〔2021〕48号）等相关要求：

——对照集团公司健康企业建设标准，制定本企业健康企业建设标准。

——制定健康企业创建实施方案，明确健康企业创建组织机构和部门职责分工、阶段性目标，明确试点单位、责任分工、方法措施、资源保障、完成时限等内容，认真推进健康企业创建方案，重点工作计划等得到有效实施。

——对照集团公司健康企业验收标准进行自评估验收，对验收问题进行整改，接受集团公司健康企业验收；组织开展内部达标验收，对发现问题及时整改，达标企业每年开展一次动态评估，持续改进健康企业建设质量。

示例1-22 健康企业创建工作计划运行表

长庆油田公司健康企业建设2021年工作计划运行表

序号	工作任务		工作内容	完成部门及单位	完成时间节点
1	制定推进方案	1	制定油田公司健康企业建设总体工作方案、年度推进计划，组织宣贯	质量安全环保部 行政事务管理处	2021年6月15日前
		2	按照《长庆油田公司健康企业建设推进方案》和《长庆油田公司〈健康企业建设标准〉重点工作任务分解表》制定所负责业务领域的建设推进计划	相关部门	2021年7月底
		3	制定本单位健康企业建设工作方案、年度推进计划	生产经营单位	2021年7月底
		4	试点单位制定健康企业建设工作方案和推进计划表	第五采油厂、第三采气厂	2021年6月15日前
		5	基层试点单位制定健康企业建设工作方案和推进计划表	生产经营单位	2021年7月底
2	开展对标自查	6	各单位对照《中国石油天然气集团有限公司健康企业建设标准（试行）》，以基层单位为单元开展自查，并梳理需要解决的问题清单，形成自查报告和问题清单报送上级业务部门	生产经营单位	2021年10月底
		7	试点单位第五采油厂、第三采气厂和其他基层试点单位开展对标自查，并形成自查报告	第五采油厂、第三采气厂	2021年7月底

⑧ 员工健康体检：

油气田企业应按照集团公司《员工健康体检管理办法》的要求：

——建立员工健康体检管理制度，明确职责、体检项目及承检医疗机构选择、体检费用标准、健康风险评估与干预、监督与考核等方面要求，内容完整、流程清晰，相关部门及其人员清楚员工健康体检管理职责、体检标准规范和管理流程。

——合理制订年度员工健康体检计划，结合员工健康体检和健康风险评估结果，针对性确定不同年龄、不同性别、不同工作环境员工健康体检项目。执行集团公司统一健康体检费用标准落实体检费用，优先委托当地有资质的非盈利性机构承担员工健康体检工作，承检医疗机构符合 Q/SY 12470—2018《员工健康体检规范》规定条件，体检项目收费标准不得超过当地市场化平均价格。落实员工健康体检计划，分期分批组织员工进行健康体检，及时、如实告知体检结果；制订女职工体检计划，及时、如实告知女职工体检结果。

——委托具备评估能力的承检医疗机构对可能患心脑血管、恶性肿瘤等高风险员工开展健康风险评估与干预，根据评估结果制订健康促进计划，督促员工落实健康改进建议，动态跟踪。明确员工健康状况与岗位匹配度要求，有效应用健康体检结果，及时调整健康状况与岗位不适应的员工。开展健康大数据统计分析，掌握员工健康变化趋势，为健康管理决策提供依据，建立健全员工健康档案，员工健康档案真实、完整，规范实施查阅。

——组织员工健康体检及健康风险评估工作自检自查，发现问题及时整改，对连续两年未参加健康体检人员调查原因并记录，对在员工健康体检工作中表现突出的单位和个人实施表彰奖励，对存在未开展员工健康体检、未实施健康风险评估与干预等方面问题的相关单位和个人进行问责处理。

⑨ 员工非生产亡人事件管理：

油气田企业应按照集团公司《员工非生产亡人事件管理办法》的要求：

——制定本单位非生产亡人事件管理制度，明确员工非生产亡人事件分类分级、报告、调查、监督考核等要求，相关部门及其人员清楚员工非生产亡人事件管理职责、了解事件分类分级、上报和处理的流程和要求，基层员工了解员工非生产亡人事件上报的要求。

——及时报告员工非生产亡人事件，记录或台账完整、准确，事件信息按要求录入集团公司 HSE 信息系统，做到 A 级、B 级、C 级员工非生产亡人事件在 1 个工作日内，D 级事件在 5 个工作日内录入集团公司 HSE 信息系统。

——组织或配合员工非生产亡人事件调查，形成书面报告，分析管理原因，举一反三，制订、落实纠正和预防措施，并对相关单位和责任人进行问责。

——定期统计分析员工非生产亡人事件，研究事件发生规律，采取相应预防措施。组织员工非生产亡人事件管理监督检查，并纳入年度考核，对在事件管理工作中表现突出或者全面准确报告、统计、调查事件的单位和个人给予表彰奖励。

示例 1-23　非生产亡人事件报告单

企业名称	企业名称	单位名称	二级单位/ 基层单位名称	用工性质	1.在册员工；2.外部承包商、 分包商人员；3.劳务外包人员
姓名	姓名	身份证号	×××××××	岗位/工种	1.管理岗（名称＿＿）； 2.操作岗（名称＿＿）
性别	1.男；2.女	年龄	事发时年龄	在本岗位时间（年）	＿＿年
事件发生时间	××××年××月 ××日××时 ××分	事件发生地点	国家＿＿ 省（市）＿＿ 具体所在地 （市县乡）＿＿	事件发生场所	1.工作业场所（名称＿＿）； 2.办公室； 3.单位休息场所（具体名称＿＿）； 4.上下班途中； 5.家里； 6.公共场所（名称＿＿）； 7.其他（名称＿＿）
时间事件类型	1.工作中非生产亡人事件； 2.其他亡人事件	事件级别	A/B/C/D		
事件情况详细描述		发生因病亡人事件时填写			
包括事件发生单位概况、事件现场及周边环境情况、简要经过、应急处置情况，发生原因，以及其他需要报告的情况	发病时间	疾病类型 （因病亡人填写）	疾病名称	诊断部门级别	诊断部门名称
	××××年 ××月××日 ××时××分	1.脑血管疾病； 2.心脏病； 3.恶性肿瘤（包括：肺癌、肝癌、乳腺癌、肠癌、胃癌、子宫癌、卵巢癌等——）； 4.呼吸系统疾病（包括慢性阻塞性肺病、肺炎、其他——）； 5.内分泌营养代谢（糖尿病、其他——）； 6.消化系统疾病（肝疾病、胃十二指肠溃疡、其他——）； 7.精神障碍（心理疾病）； 8.其他疾病（———）	××	1.省级医院； 2.地市级； 3.县区级； 4.卫生院； 5.村卫生室； 6.未就诊； 7.其他＿＿； 8.不详	××医院

注：死亡证明需在开具后5个工作日内通过HSE信息系统上传。

（五）污染防治

（1）概述：

该要素主要是指油气田勘探开发过程中为达到区域环境质量或水、声、气、渣等环境要素控制目标，对各种污染控制方案的技术可行性、经济合理性、区域适应性和实施可能性等进行最优化选择和评价，从而得出最优的控制技术方案和工程措施，以达到保护和改善生态环境质量的目的。

该要素主要包括以下方面的管理：污染物达标排放、固体废物管理、放射性污染防治，排污许可，总量控制，土壤及地下水调查评估与生态保护，生态保护红线排查并退出，实施生物多样性保护，开展绿色工厂、绿色场站、绿色矿山建设等。

（2）管理要点：

① 污染物达标排放：

油气田企业及所属二级单位应按照生态环境部《关于实施工业污染源全面达标排放计划的通知》《环境保护管理规定》要求：

——开展污染源普查，建立、完善污染源档案，档案应清晰、完整、动态更新，实行污染源分类分级管理。

——实施污染源全面达标排放计划，针对产生污染的生产装置和设施，其操作规程中应当明确正常工况、开停车与检维修等非正常工况及事故状态的过程控制、污染物排放控制和应急处置要求。同时，在开停车和检维修等作业中，应当制定并实施污染防治方案。

——环保设施配置齐全，有效运行。各级单位应建立并实施环保设施管理规章制度（或要求），应要求建立环保设施台账，并且账物相符。应建立、完善、动态更新物料平衡图、水平衡图、废水排放系统图、废气排放流程图等相关图件。各级单位生产运行、设备设施管理部门职责应包含环保设施管理要求，生产设施台账、生产运行和设备维护管理记录中应包括环保设施内容。基层单位现场环保设施配置齐全，符合标准要求，满足实际需要。现场环保设施稳定运行，各类记录齐全、真实，包含操作规程及生产运行记录、药剂消耗记录、检维修记录、巡检记录等。闲置、停运或者拆除的环保设施，应履行地方政府部门许可审批手续。

——污染物排放合法合规，达标排放。废水、废气、厂界环境噪声排放符合国家和地方规定的排放标准。基层单位排污口应按照规定开展地方政府监督性监测、委托第三方监测、企业人工监测、在线监测数据或现场取样临时监测，其中地方政府监督性监测报告、委托第三方监测报告中废水、废气、场界噪声污染源排放监测数据应全面达标，其他数据作为参考。所有污染物排放源，排污口设置规范，排污方式应合法合规。严禁利用渗井、渗坑、暗管、灌注等非法方式进行排污。同时，按照地方政府应急预案和相关要求，制定重污染天气应急预案，并适时启动控制污染物排放。

② 固体废物管理：

油气田企业及所属单位应按照《中华人民共和国固体废物污染环境防治法》《环境保护管理规定》及《关于开展含油污泥专项整治行动的通知》要求：

示例 1-24　某企业主要污染物排放控制指标分解表

单位名称	化学需氧量（吨）	氨氮（吨）	二氧化硫（吨）	氮氧化物（吨）	二氧化碳（吨）	甲烷（吨）	备注
第××采油厂	0	0	32	215	709362	2576	
第××采油厂	0	0	118	233	438298	2745	
第××采油厂	0	0	117	236	853039	2792	
第××采气厂	0	0	289	211	390709	1962	
……							
合计							

——建立工业固体废物管理档案，并按规定进行申报。油气田企业各级单位应建立并动态更新固体废物管理台账，逐一识别固体废物危险特性，准确划定一般废物、危险废物。同时，应建立固体废物档案，内容完善、准确且动态更新。各级单位应按要求对各单位危险废物管理工作进行监督，有各单位危险废物管理计划备案资料，并定期更新危险废物管理台账。另外，应按要求制订危险废物管理计划并向政府环保部门申报、向油气田企业环保部门备案。

——固体废物的运输、贮存、处置、转移等合法合规。基层现场应对一般固废与危废、不同危废之间分类贮存，贮存场所（包括临时和长期）、处置场所应满足有关要求，现场标识清晰完整，废物摆放整齐。按规定及时在集团公司固体废物管控系统中填报和审核固体废物产生、转移、贮存和处置信息。危险废物应按照国家有关规定转移、运输、处置。二级单位或基层现场应按规定办理危险废物转移联单；运输、处理处置危险废物时，应核实受托方的资质和能力，并监督运输过程。签订运输、处置合同，危废运输的监督过程均应保留相关记录或影像资料。

——油气田企业、二级单位开展历史遗留含油污泥等危险废物排查工作，应制订有效处理/处置计划方案，及时合规开展处理/处置工作，并实施动态管理。

③ 放射性污染防治：

油气田企业及所属单位应按照《放射性污染防治管理规定》要求：

——建立放射性污染防治管理制度、放射源与射线装置台账。生产现场源库或射线装置设备间，应有辐射安全与防护管理制度或使用规程。

——污染减排项目有效运行。油气田企业各级单位应配备污染减排管理人员；建立污染减排项目台账，台账内容完整、规范。建成的污染减排项目应运行稳定，可实现预期设计指标。

（六）生产运行

此部分内容结构是按照油气和新能源分公司量化标准确定的框架。

（1）概述：

该要素主要针对勘探与生产涉及的物探、前期评价（油藏评价）、开发方案管理、钻井、试油、井下作业、地面建设项目管理、场站运行管理等主要生产运行过程因素进行说明。

设立该要素的意图是提出影响生产运行过程QHSE绩效的风险及其风险控制措施，确保生产运行过程管理要点及要求得到明确和贯彻。

该要素主要包括以下方面的管理：物探、前期评价（油藏评价）、开发方案管理、钻井管理、试油、井下作业、地面建设项目管理、场站运行管理8个方面。

（2）管理要点：

① 物探：

——油气田企业、二级单位勘探开发管理部门应依据《中国石油工程技术服务企业及施工队伍资质管理规定》开展资质审查。物探施工队伍应按照国家法规和集团公司规定取得相应资质。

——物探工程设计应按SY/T 6276《石油天然气工业 健康、安全与环境管理体系》明确QHSE管理要求，对重点工序的风险进行识别并制订风险防控措施。

——油气田企业应派持有股份公司工程监督资格证书的物探监督人员，依据地质设计、工程设计、合同、健康安全环境合同及《中油股份公司勘探与生产工程监督管理办法》、Q/SY 08648《石油钻探安全监督规范》、Q/SY 08124.1《石油企业现场安全检查规范 第1部分：物探地震作业》标准规范、专项监督检查表对施工项目实施监督。

② 前期评价（油藏评价）：

——油气田企业、二级单位油藏评价部门应依据《天然气开发管理纲要》《油田开发管理纲要》《煤层气工程管理暂行规定》编制试采方案，试采方案应包括职业卫生、安全、环境保护篇章，识别可能存在的危险、有害因素及环境影响因素，提出预防、控制和削减措施。

——试采过程应对HSE风险进行跟踪分析，及时修订HSE防范措施，为开发方案的编制提供依据。

——油气田企业主管部门或授权单位必须根据地质设计中指出的风险，组织编写和审批工程设计并提出工程控制措施。施工单位应根据工程设计进行施工作业设计，施工作业设计必须包括健康安全环境要求和应急预案。

——试采施工现场要有具备有效监督资质的试采工程监督，试采工程监督应按设计要求和相关标准（或专项监督检查表）对安全、环保进行监督。

——先导试验方案应有健康安全环境要求。风险分析全面、准确，防控措施得当。

——勘探井、评价井转开发井前，必须进行安全评估。评估应风险分析全面、准确，防控措施得当。

③ 开发方案管理：

——应依据《天然气开发管理纲要》《油田开发管理纲要》《煤层气工程管理暂行规定》编制油田开发（调整）方案［包括：油藏工程方案、钻井工程方案、采油（气）工程方案、地面工程方案、开发调整方案］，油田开发（调整）方案应按要求编写 HSE 措施。相关风险分析全面、准确，防控措施得当。

——应依据《油田开发管理纲要》《油藏工程管理规定》编制三次采油方案（包括室内实验和现场试验、三次采油）。三次采油各项活动方案应按要求编写健康安全环境保护措施。方案中危害分析全面准确，预防和控制措施得当。

④ 钻井管理：

——钻前工程管理方面。勘探开发、钻井工程管理部门应依据《中华人民共和国环境影响评价法》《建设项目环境影响评价分类管理名录》《油田开发管理纲要》《天然气开发管理纲要》开展钻井施工作业环境影响评价工作，并取得施工作业所在地政府环境保护主管部门批复文件。钻井井场、道路及周边环境应满足钻井施工和应急的需要，井场、道路施工要有明确的交底，识别地面构筑物、地下管线风险，制订相应的管理措施。

注：钻前工程应符合以下标准及文件：SY/T 5466—2013《钻前工程及井场布置技术要求》、SY/T 6586—2020《石油天然气钻采设备 钻机现场安装及检验》、SY/T 5972—2021《钻机基础技术规范》、《企业井控细则》。

——资质管理方面。勘探开发、钻井工程管理部门应依据《中国石油工程技术服务企业及施工队伍资质管理规定》对承包商进行安全资质审查。钻井队伍应按资质申请条件和施工范围进行作业施工，队伍人员资质、人员配备、能力、设备配套、施工业绩、HSE 管理等应符合队伍资质要求。

——钻井设计方面。钻井方案、设计编制单位应具备集团公司认可的相应资质，相关单位、人员资质应符合《钻井工程管理规定》《天然气钻井工程管理规定》《煤层气工程管理暂行规定》《关于进一步加强开发井钻井地质和工程设计工作的通知》《设计资质管理办法》要求。编制的方案、设计应按程序审批。方案、设计文件必须满足以下要求：

● 地质方案、设计中应有井控、安全环保风险提示。

● 钻井工程设计应依据地质设计的风险提示编写有针对性的井控要求和安全环保风险防控措施。

● 施工设计应依据工程设计编制。

- 钻井工程方案、设计符合标准要求，井身质量、固井质量当地油田有高于标准的要求，按照当地油田要求执行。
- 钻井工程井身质量设计参数、固井工程设计参数明确。
- 工程设计有明确的质量控制方案、措施，单项参数符合设计引用标准规定。
- 钻井工程方案（区块、探井、评价井）应评审并形成会议纪要，且形成纪要问题应跟踪落实整改。
- 二级单位组织设计（区块或单井）交底，设计交底记录参加各方签字齐全。
- 设计变更按照钻井设计程序进行审批。

——监督方案方面。监督由建设单位委托，依据工程设计编制钻、录、测监督方案。钻井现场应满足：

- 监督单位全部由建设单位委托并签订合同。
- 监督合同明确职责、任务、监督资质、数量、人员变更受控名录要求，全部符合。
- 监督应持股份公司有效监督资质。
- 依据设计编制钻录测监督方案，方案包含QHSE风险点、工程控制节点、监督内容，并报建设单位进行了审批。

——现场管理方面。钻井过程中依据设计进行质量控制，HSE检查，按照监督方案监督检查施工过程。钻井现场应满足：

- 二级单位依据自身管理规定，按要求组织各次开钻验收。
- 二级单位针对各次开钻验收编制专项监督检查表，检查内容应涵盖资质相关合同、HSE器材及防护、设备设施安全位置、现场材料设备准备、井控装置。
- 及时开展各次开钻验收。开钻验收检查项目齐全与钻井工序匹配，验收签字程序完整。
- 钻井监督依据监督方案对施工方工作过程进行检查，检查内容应涵盖包括：井身质量监测数据、钻井液性能关键参数、钻井液材料合格证验证、井控装置运行维护、坐岗及应急演练。监督日志应覆盖当日工作内容：记录钻井参数、钻具结构、钻井液性能、井控、最近井身质量监控记录。
- 钻开油气层前，编制专项监督检查表，检查内容应涵盖井控装置运行维护、储备材料、安全防护、应急演习、钻开油气层前钻井液油层保护。二级单位按要求组织检查验收并确保钻开油气层验收签字程序完整。
- 钻井监督依据钻井工程设计、固井施工设计中的固井参数，复核固井施工前准备工作（包括套管数据、水泥浆复检资料、电测井径数据、工具附件规格型号、安放位置等），记录固井施工作业参数（包括水泥浆和隔离液性能指标、施工压力、排量变化）。
- 二级单位根据油气田企业交接井管理规定或要求，甲乙双方交接井。交接资料中井身质量、油套管数据、人工井底、固井质量评价试压、工完料尽场地清描述清楚。弃井：交接资料中就弃井井口、封井层位、方式、井深、试压、工完料尽场地清等描述清楚。
- 录井监督依据监督方案进行检查。
- 测井监督依据监督方案进行检查。

——质量验收管理方面。二级单位的钻井资料归档部门建立了钻井资料档案，一井一档，资料齐全。钻井施工完成后，二级单位组织验收，并签署完井验收意见。

⑤ 试油：

——资质管理方面。勘探开发、钻采管理部门应依据《中国石油工程技术服务企业及施工队伍资质管理规定》对试油队伍施工范围与队伍资质进行审查。试油队伍应按资质申请条件和施工范围进行作业施工，队伍人员资质、人员配备、能力、设备配套、施工业绩、HSE管理等应符合队伍资质要求。

——试油设计方面。试油设计编制单位应具备股份公司认可的相应资质。三项设计审批符合要求。方案、设计文件必须满足以下要求：
- 试油地质设计中应有安全环保风险预警和告知。
- 工程设计中应有井控设计和安全环保风险防控措施设计。
- 施工方案应有井控和健康安全环保风险防控措施。

——现场管理方面。井控操作应严格执行《石油与天然气井下作业井控技术规定》，作业现场及施工应符合相关技术标准的规定。应满足：
- 相关人员应按要求持有效井控证、监督证等资质证书。
- 作业应符合井控设备配置、安装等相关井控要求。
- 作业现场应符合相关HSE标准和要求。

——监督管理方面。试油监督要按设计和相关标准对使用的设备、井下工具、原材料及施工操作进行监督，确保施工作业符合HSE要求。

——验收管理方面。勘探开发、钻采管理部门应按要求组织交井验收，由主管部门组织试油、采油单位对其进行现场交接，履行交接手续，确保现场符合安全环保要求。

⑥ 井下作业：

——资质与能力方面。井下作业队伍施工范围应与队伍资质相符。队伍人员资质、人员配备、能力、设备配套、施工业绩、HSE管理等应符合队伍资质要求；油气田企业组织开展井控分级定点培训。从事井下作业业务的油气生产、设计、监督等单位按照培训计划开展井控证培训。

——井下作业设计方面。三项设计审批按照设计审批程序执行。地质设计中应有井控、安全环保风险提示；工程设计依据地质设计的风险提示编写有针对性的井控要求和安全环保风险防控措施；施工设计依据工程设计编制。具体要求包括：
- 地质设计应提供井的基本数据（井身结构、管柱结构、目前人工井底、历次作业情况、地层压力、产气量和油气比等）。
- 地质设计应有明确风险提示（周边环境描述、邻井连通情况、有毒有害流体性质等）。

- 工程设计依据地质设计风险提示提出井控、安全环境要求。
- 工程设计依据地质设计的施工目的编写作业工序，并明确各工序质量要求。
- 施工设计依据工程设计编写QHSE预防和控制措施。按工程设计中井控要求选择井控装置，明确安装要求。
- 设计变更应有相应的井控、QHSE预防控制措施，并符合审批程序。

——现场管理方面。作业现场及施工应严格执行《石油与天然气井下作业井控技术规定》，并符合相关技术标准的规定。具体要求包括：

- 相关人员应按要求持有效井控证、监督证等资质证书。
- 作业应符合井控设备配置、安装等相关井控要求。
- 作业现场应符合相关HSE标准和要求。
- 建设单位、施工单位建立有验收规定，制定有开工验收检查表。
- 按照规定要求实施开工验收，验收率达到100%，验收合格后方可开工。
- 施工单位应对入井材料、机具及主要参数进行确认。
- 建设方应对入井材料、机具及主要参数监督进行复核。
- 施工方按照设计要求进行完工验收，各项资料录取齐全、准确。
- 建设方应进行完工验收。

——监督检查方面。监督要按设计和相关标准对使用的设备、井下工具、原材料及施工操作进行监督，确保施工作业符合HSE要求。具体要求包括：

- 应有监督检查制度，并定期评审和修订。
- 应有质量考核制度，并定期评审和修订。
- 监督应持股份公司有效监督资质。
- 针对试油监督工作，编制了专项监督检查表。
- 监督检查量化内容达到要求，记录填写准确、规范。
- 施工单位应按设计质量控制措施要求执行并记录。
- 施工单位应施工进行质量检验并记录。
- 对设计质量控制措施执行情况进行监督。
- 质量监督检查资料齐全。

——完工验收方面。应按照井下作业验收标准及相关要求，在井下作业施工完成后进行由生产单位接收井，并做好接收验收工作。具体要求包括：

- 井下作业资料档案，包括三项设计、施工总结，确保一井一档资料齐全。
- 油气生产单位进行接井，包括核实井口、井场状况，核查完井参数符合实际要求，单井监督报告等规定内容。并签署验收意见。
- 定期组织井下作业质量评定会，对质量进行分析，重点关注对不合格井的整改与返修措施。

⑦ 地面建设项目管理：

——地面建设项目组织管理。油气田公司地面建设项目管理机构应依据《中国石油天然气股份有限公司油气田地面建设工程项目管理规定》，明确地面建设工程项目前期、勘察、设计、招标、合同、开工、施工过程、竣工验收管理的责任部门，并做到职责明确、分工清晰。地面工程质量监督站应作为油气田企业机关直属或附属单位或二级单位（副处级以上）独立运行，并具有发文、培训及签发质量员、见证员证书等职能。二级单位地面建设项目部应确认项目管理模式，明确内部工作内容、工作职责、考核标准等，检查勘察、设计、施工、监理、检测等参建单位项目管理情况。

——前期准备。建设单位应按规定编制、上报一、二、三类（预）可行性研究报告并获得批复；建设单位应及时审批四类项目（预）可行性研究报告。按要求组织开展地震、地质灾害、水土保持、土地复垦、矿山地质环境保护与治理恢复、环境影响、安全、职业病危害、节能、文物调查、防洪、社会稳定风险评估等专项评价，按法规要求编制专项评价文件并报备。

——勘察设计。建设单位应依据《中国石油天然气股份有限公司油气田地面建设工程项目管理规定》《中国石油集团工程股份有限公司投资管理办法》要求，选择勘察设计单位，编制勘察文件、初步设计、施工图设计文件，按程序报批报备。

● 勘察单位应结合勘察方案进行勘察现场风险识别和技术交底。开展勘察并编制勘察文件。

● 建设项目应按国家相关法律、法规和标准、规范及勘察文件编写初步设计（方案），应编写安全、环保、节能、消防、职业卫生设施设计专篇，流程类设计应开展危险可操作性风险分析，并落实风险防控措施。采用新技术、新设备、新材料、新工艺的工程设计中，应进行风险识别并落控制措施。初步设计文件应列明工程量和投资概算，按程序报批。

● 施工图设计应按批准的初步设计及安全专篇等文件进行，施工图设计文件应满足"三同时"管理要求，施工图设计文件应满足采购、施工和试运投产需要。

● 建设单位主管部门或项目部应组织施工图设计审查。

● 建设单位应组织参建方开展设计文件交底工作，改扩建项目应邀请有关生产单位人员参加交底，形成设计交底记录，跟踪落实。

● 设计变更应识别、评估变更后产生的新增风险，针对风险落实了管控措施。

——招标管理。油气田企业、二级单位相关部门、各参建单位应依据《中国石油天然气股份有限公司油气田地面建设工程项目管理规定》，开展EPC承包商、勘察、设计、监理、无损检测招标，确保合规。

——合同管理。油气田企业、二级单位相关部门、各参建单位依据《中国石油集团工程股份有限公司总部合同管理办法》，严格按照立项、选商、申报、审查审批、签订、履行、归档签订设计、施工、监理、检测等合同，HSE合同/安全生产管理协议，应与主体合同同时签订。实行总承包的项目，建设单位应在总承包合同中明确分包单位的资质要求；总承包与分包方签订工程服务合同和HSE协议应报送建设单位备案；分包合同应将总承包合同中的约定的质量、安全、进度、环保等方面的责任和义务分解落实。建设工程施工合同应包括工程质量保修协议书，明确保修内容、责任、期限。建设工程设计合同，应约定设计现场服务方式、范围。合同发生变更、解除的，应按规定进行审批。合同执行单位应对合同履行情况进行评价，评价结果录入信息系统。

——开工管理。建设单位应按照规定报批了开工报告和总体部署。开工前应满足如下五项要求：

● 消防报建、用地许可、建设工程施工许可（城市规划区建设项目）、管道走向许可、工程质量监督注册等应经批复。

● 开工所需的设备、材料、人员、施工机具等应落实；开工部分的施工图会审应完成，并保证连续施工。

● 建设项目实施总体部署、施工组织设计、质量计划、监理规划应经审查批复。

● 施工单位、监理单位已按程序成立项目经理部和项目监理部，人员资质合法有效，专业人员配置满足项目需要。

● 施工现场实现水、电、路、讯畅通，场地平整，达到"四通一平"的要求。

——施工过程管理。建设单位项目部应按要求开展项目质量管理、HSE管理、工期管理、投资管理，做好：

● 建设单位项目部应依据《中国石油天然气股份有限公司油气田地面建设工程项目管理规定》开展质量管理。建设单位项目部应配备质量管理人员，应对勘察设计、施工、监理、检测等承包商履职情况进行监督检查，应配合质量监督机构做好停（必）监点的检查，应进行工程验收和质量考核。建设单位应检查设计单位按照合同约定提供现场服务和设计回访。建设单位应检查工程施工单位质量管理人员和检验检测设备配置情况，施工人员和机具、原材料进场验收情况，施工组织设计（专项方案）交底情况，"三检制"、工序交接，安全文明施工。建设单位应检查监理单位人员、质量检验工器具配置，施工单位的人员、设备材料和施工机具、计量器具报验，分包单位资质，检验批、分项、分部工程、隐蔽工程验收情况，旁站监理、平行检验实施情况。

● 建设单位项目部依据《中国石油天然气集团有限公司承包商安全监督管理办法》《中国石油天然气股份有限公司油气田地面建设工程项目管理规定》开展HSE管理。建设单位应配备项目HSE管理人员，监督参建各方的HSE工作；按合同约定要求参建各方建立并有效运行HSE体系；检查承包商是否存在违法发包、转包、违法分包及挂靠等违法行为；将HSE施工保护费用及时足额拨付给项目参建各承包商，不得挪作他用；项目安全设施、环境保护设施、消防设施、职业病防护设施、水土保持设施等是否与主体工程同时施工。建设单位检查施工、监理、检测等承包商安全管理体系运行情况：现场安全规章制度、安全许可证、人员资格、安全技术交底、员工入场安全教育、施工机械和设施的安全许可验收、应急预案文件、应急演练、自检自查等情况。

● 建设单位项目部依据《中国石油天然气股份有限公司油气田地面建设工程项目管理规定》开展工期管理。建设单位应编制项目进度计划，项目进度计划实行分级管理，报监理审查、业主项目部审批后执行。设单位应监督参建各方执行已批准的项目进度计划，定期召开现场进度协调会议，分析进度偏差原因，采取相应措施。

● 建设单位项目部依据《中国石油天然气集团有限公司工程建设项目概算调整管理暂行规定》《中国石油天然气股份有限公司油气田地面建设工程项目管理规定》开展投资管理。建设单位应编制项目可行性研究估算、初步设计概算、施工图预算；概算应控制在估算内，预算应控制在概算内。建设单位应组织限额设计和限额采购，严格控制设计变更和材料预算。建设单位应按集团公司有关规定支付建设资金，不得拖欠或超拨，禁止挤占、截留或挪用。

——完工交接。建设单位应按《中国石油天然气股份有限公司油气田地面建设工程项目管理规定》组织完工交接，签署《工程完工证书》。

——试运投产管理。建设单位应按《中国石油天然气股份有限公司油气田地面建设工程项目管理规定》《中国石油天然气集团有限公司工程建设项目竣工验收管理办法》编制试运投产方案、应急预案，确保单项（单位）工程调试和总体工程调试满足要求。建设单位应按规定报批项目试运行投产方案。试运投产应按要求配齐人员；办理专项验收手续；签订供水、供电、通信等协议；应向政府主管部门办理压力容器等特种设备取证；组织应急演练，应急等物资配备齐全；后勤保障到位。组织开展投产前联合检查，整改发现问题，验证合格后投运。试运投产合格后，对装置生产能力、工艺指标、产品质量、设备性能达到设计要求进行全面考核。

——竣工验收。油气田企业、二级单位应按《中国石油天然气集团有限公司工程建设项目竣工验收管理办法》等竣工验收条件组织竣工验收，签署竣工验收鉴定书。

⑧ 场站运行管理：

——油气田企业油气田开发部门、生产运行部门应依据《中国石油天然气股份有限公司油田管道和站场地面生产管理规定》《中国石油天然气股份有限公司注水开发油田水处理和注水系统地面生产管理规定》《中国石油天然气股份有限公司气田管道和站场地面生产管理规定》，做好制度与职责、运行方案管理、工艺运行管理、管道与场站资料信息管理、目视化与定置管理工作。

——制度与职责。油气田企业油气田开发部门、生产运行部门制定油气管道和站场生产运行管理制度或管理要求，明确管道、站场运行管理要求。明确机构职责、生产运行管理、生产技术管理、生产辅助系统管理、资料与信息管理、交接班及巡回检查、站场门禁管理、冬季生产运行准备、防汛生产运行准备、应急等管理要求。

——运行方案管理。油气田企业、二级单位开展油气管道与站场风险分析，制订风险防控措施，制订油气管道和站场地面生产管理年度计划的 HSE 内容。二级单位油气生产管理部门、基层单位对管道、站场按要求分类建立了二级单位的运行控制参数范围和控制措施，明确外输原油含水、总滤后水质达标率的目标值，设置生产站场油、气、水三个系统的质量控制关键工序并明确相应控制要求。

——工艺运行管理。二级单位油气田管理部门工艺运行操作规程完备，工艺参数设定符合工艺安全要求。油气田企业、二级单位明确油、气田生产过程中调度指令、异常情况处理管理制度或管理要求。基层单位按规定开展交接班、按规定开展入场安全教育，按规定开展巡回检查并规范填写相关记录；入汛前，按防汛方案要求，做好防灾减灾工作；入冬前，按冬季生产运行方案要求，调整运行参数，完成冬防保温工作；站场设备设施设置满足防火防爆及安全疏散要求。

——管道与场站资料信息管理。油气田企业、二级单位和作业区分级建立健全站场资料信息〔包括但不限于：工艺流程简图、工艺原理描述、管道和仪表图（P&ID）、电力系统设计图、消防设施平面布置图及档案、安全区域等级划分图、隐蔽工程信息、管道静态资料、强制电流阴极保护系统静态资料、牺牲阳极阴极保护系统静态资料、工艺流程图、供配电资料等〕。基层站队按要求建立了生产运行动态资料，至少包括站场各岗位生产日报及站场运行月报、半年报、年报，岗位工作交接班记录，管道巡检记录，设备的运行维护记录，管道维护记录。

——目视化与定置管理。各油气田场站依据《中国石油油气田站场视觉形象标准化设计规定》开展生产作业区域、设备设施目视化管理，开展工器具定置摆放。具体表现：

● 关键设备设施应挂牌，标明流量、温度、压力、液位、电流、电压、加药量等参数波动范围；管线阀门的着色应严格执行国家或行业标准，工艺管线上标明介质名称和流向。

● 生产作业区域内的消防通道、逃生通道、紧急集合点设置明确的指示标识。

● 作业现场长期使用的机具、车辆、消防器材、逃生和急救设施等，应根据需要放置在指定的位置，并做出标识。

● 生产区和办公区之间应设明显的分界线和标志，生产区内应根据生产要害程度设置禁止、警告等统一的安全标志。

● 工器具按要求定置摆放。

（七）应急管理

（1）概述：

安全生产应急管理是指应对事故灾难类突发事件而开展的应急准备、监测、预警、应急处置与救援和应急评估等全过程管理。

设立该要素的意图是通过应急准备和响应，使潜在的紧急情况和事故得到及时、有效的响应和处置，减少可能随之引发的疾病、伤害、财产损失和环境影响。

该要素主要包括以下方面的管理：应急组织与职责、应急预案管理、应急资源保障、应急培训与演练、应急响应、恢复与总结、应急能力模拟验证等。

（2）管理要点：

油气田企业及所属二级单位应依据《安全生产法》《安全生产应急管理办法》《生产安全事故应急条例》《生产安全事故应急预案管理办法》《生产安全突发事件应急预案编制指南》《生产经营单位生产安全事故应急预案编制导则》等要求：

① 应急组织与职责：

——建立应急管理制度，内容完整、责任明确。主要负责人担任应急领导小组组长，组织编制实施本单位应急预案。

——建立满足需要的应急管理机构，配备专兼职应急管理人员，并明确相应工作职责。

——落实基层现场岗位工作人员应急职责。如一般岗位人员熟知其第一时间参与应急处置的责任并具备相应的操作技能，熟知发现直接危及人身安全的紧急情况时的"处置权、避险权"；重点岗位人员熟知其"处置权、指挥权、避险权"。

② 应急预案管理：

——按照规定成立了应急预案制修订工作组织，由本单位有关负责人任组长，吸收与应急预案有关的职能部门和单位的人员，以及专业救援人员、有关专家和有现场处置经验的人员参加；制订了工作计划，明确应急预案制修订工作职责和任务分工。

——编制应急预案前，进行了事故风险辨识、评估和应急资源调查。

——应急预案内容完善，具有实用性、可操作性；重点岗位应急处置卡简明、实用，落实到位。

——按规定开展应急预案评审、签发、备案、评估、修订等工作。

③ 应急资源保障：

——建立满足需要的应急值班、应急队伍、应急专家与资金保障。

——按标准储备应急物资，并定期检查、维护应急物资。

——按照规定落实预警与应急准备工作。

④ 应急培训与演练：

——开展全员应急培训工作，提高全员安全生产应急意识和应急能力。如主要负责人、应急管理人员、专兼职应急救援人员经过培训，考核合格；新上岗、转岗人员经过岗前应急培训取得相应的上岗资格。

——定期开展应急预案演练，及时评估总结。如集团公司所属油气田企业应急预案演练一年不得少于一次，新制定或修订的应急预案应当及时组织演练。所属油气田企业从事易燃易爆物品、危险化学品等危险物品的生产、经营、储存、运输的，从事建筑施工的，以及属于人员密集场所的，应当至少每半年组织一次生产安全应急预案演练，每三年演练覆盖本单位所有应急预案。

⑤ 应急响应、恢复与总结：

——突发事件现场处置高效、有序。

并持续改进。

该要素主要包括以下方面的管理：安全生产标准化达标建设、基层站队 HSE 标准化建设及班组安全活动等。

（2）管理要点：

① 安全生产标准化达标建设：

安全生产标准化达标建设，是以安全风险管理、隐患排查治理、职业病危害防治为基础，以安全生产责任制为核心，建立安全生产标准化管理体系。

油气田企业、二级单位应依据集团公司《企业安全生产标准化基本规范》《关于进一步加强企业安全生产标准化工作的通知》要求：

应按照国家规定的每三年应进行一次标准化审核（复审）要求，从目标职责、制度化管理、教育培训、现场管理、安全风险管控及隐患排查治理、应急管理、事故管理、持续改进 8 个方面开展安全生产标准化建设工作，并通过达标评审。企业年度工作计划或者工作方案包含安全生产标准化建设内容。达标单位每年开展一次自评工作，可结合内部审核实施，提出持续改进的计划或措施。

② 基层站队 HSE 标准化建设：

基层站队 HSE 标准化建设主要包括：基础管理、员工操作、设备设施和生产现场四部分内容。油气田企业、二级单位应依据集团公司《基层站队 HSE 标准化建设实施意见》和《基层 HSE 标准站队建设通用规范》要求：

制定基层站队 HSE 标准化建设年度工作方案，明确目标、工作措施和责任分工、时间进度等。建立健全 HSE 标准化站队建设标准，相关人员了解工作内容和管理要求。组织开展基层站队 HSE 标准化建设工作、达标考核和检查工作。

③ 班组安全活动：

——班组长负责按规定时间和频次开展基层班组安全活动，如固定生产场所每周一次，流动作业场所每月不少于两次，每月累计总时间不少于两个小时。

——班组安全活动形式多样，每次活动有主题。如事故案例学习、安全经验分享、岗位危害辨识和隐患排查、岗位练兵和应急预案演练等。

——认真召开班前、班后会，会议内容结合生产活动，告知风险，强调风险管控要求，针对性强。

——上级领导和机关部门负责人、车间站队负责人定期参加班组安全活动，提出改进完善建议，签字并留存记录。

——建立班组安全自主管理创建标准和要求，开展班组安全自主管理创建等活动。

六、检查和纠正措施

油气田企业在 QHSE 管理体系的运行控制过程中，需要对自身状况进行监控，以确定是否满足法律、法规和其他应遵守的要求，评价目标和指标的实现情况，发现不符合并有效纠正，及时报告处理事故、事件，为体系的实施和改进提供依据。

《集团公司 QHSE 管理体系量化审核标准》中"5.5 检查和纠正措施"包含 4 个审核主题，分别是监督检查、环境信息、事故事件、内部审核等。根据初级审核员培训大纲要求，在此重点对前"监督检查、内部审核"2 个审核主题进行介绍。

（一）监督检查

（1）概述：

通过对关键环节、重点部位的 QHSE 监督检查，及时发现和整改现场存在的隐患或问题。

该要素主要包括以下方面的管理：安全监督、专业检查、基层日常检查、产品质量监督、"四不两直"监督检查等。

（2）管理要点：

① 安全监督：

油气田企业、二级单位依据《安全监督管理办法》要求：

建立安全监督管理制度，配备满足监督工作需要（数量、专业）的监督人员，对监督人员实行分级管理。安全监督经培训考核合格，持证上岗。编制监督工作计划，针对具体监督项目编制监督方案。按要求派驻安全监督，安全监督有效实施监督工作，定期对监督发现问题进行汇总和统计分析，并作为安全经验分享的重要内容。

② 专业检查：

明确职能部门的专业检查要求，包括部门职责和责任人、检查项目、检查流程、方式、频次等。根据分管业务和风险管控要求，编制年度专业检查计划或"一事一案"检查方案，油气田企业每年至少进行两次综合安全检查，二级单位每季度至少进行一次综合安全检查。安全检查可与体系审核、隐患排查合并开展。检查人员应具备专业检查表，并经培训掌握检查标准和检查方法。职能部门开展专业检查，跟踪督促检查发现问题的整改落实，定期汇总、分析各类检查发现问题，制订并采取相应防范措施。

③ 基层日常检查：

确定了重点风险管控项目，明确基层车间（站队）、班组安全检查及岗位巡检的具体要求。制定安全检查表，岗位员工清楚检查职责和要求。基层单位按要求开展日常安全检查，及时记录、报告和处置发现的问题。定期对发现问题进行汇总、统计和系统分析，提出风险预警和改进措施，为开展系统隐患治理提供依据。

④ 产品质量监督：

油气田企业及二级单位应根据集团公司《产品质量监督抽查管理规定》《采购物资质量监督规定》要求：

建立采购物资、自产产品质量监督相关制度或明确相关要求，积极配合集团公司、油气田企业产品监督抽查现场抽样工作，并制定满足油气田企业及二级单位实际的自产产品（原油、天然气、成品油、装备等）和重点采购物资（入井材料、管道元器件等）

质量监督抽查工作计划。创新监督抽查方式方法，以发现问题为导向，实施监督抽查工作，对监督抽查结果按照规定进行处理，并按要求及时上报产品质量监督抽查结果，共享抽查数据。

示例 1-27 产品质量监督抽查结果上报汇总表

单位（签章）：　　　　　　　　　　　　　　　　　　　　　　　　　　　　　上报时间：

序号	产品名称	规格型号	生产批次	执行标准	样品编号	生产商	采购使用单位	抽样时间	抽样地点	抽样人员	检验结果（合格/不合格/待检）	产品类别	采供模式	乙供类别	不合格项目	报告编号
1	黏土稳定剂	WN-200	2021××××	Q/SY CQ 17041-2017	××××	××××	××××	年 月 日	××××	张三 李四	合格	自产非主导产品	自产	/	无	××××

示例 1-28 产品质量监督抽查检验报告示例

（MA）
××××××××J

检 验 报 告
INSPECTING   REPORT

报告编号No.（××）×××

产品名称＿＿＿＿＿＿＿＿
PRODUCT
受检单位＿＿＿＿＿＿＿＿
INSPECTED ENTERPRISE
检验类别＿＿＿＿＿＿＿＿
INSPECTING TYPE

（承检机构中英文全称）

（承检机构全称）

检 验 报 告

报告编号（××）×××　　　　　　　　　　共 页 第 页

产品名称		型号规格	
受检单位		商　标	
生产单位		检验类别	
抽样地点		产品等级	
样品量	抽样基数	抽（到）样日期	
样品编号		抽（送）样者	
原编号		检验时的环境条件	
生产日期		
依据标准编号/名称		样品状态	
检验用主要设备			
检验结论	（检验专用章） 年 月 日
备注	
主检		审核		批准	

示例 1-29　集团公司产品质量监督检验结果通知书

附　录　E
（规范性附录）
产品质量监督检验结果通知书

中国石油天然气集团公司产品质量监督检验结果通知书

（承检机构通知书编号）

＿＿＿＿＿＿＿＿：

根据中国石油天然气集团公司年度产品质量监督抽查计划安排，＿＿＿＿年第＿期对你单位所生产（经销、采购、使用）的＿＿＿＿＿＿＿＿＿＿产品进行了产品质量监督抽查检验，检验结论为＿＿＿＿＿＿。现将检验结果通知你单位，请协助做好以下工作：

1. 如对检验结果有异议，请在接到通知书和检验报告后十五日内向承检机构提出书面意见，逾期不提出，视为认可检验结果。

2. 提出异议时，请同时提交必要的技术资料。

附：产品质量监督抽查检验报告

（承检机构公章）
年　月　日

⑤"四不两直"监督检查：

油气田企业、二级单位依据集团公司《安全生产"四不两直"监督检查管理办法》要求：

制定本企业的"四不两直"监督检查管理办法，制定检查方案，组织开展"四不两直"监督检查，检查频次符合制度要求。编制检查报告，对检查发现的问题进行整改督办。

（二）内部审核

（1）概述：

该要素主要是指油气田企业应定期对QHSE管理体系进行内部审核，客观地获取审核证据并予以评价，判定QHSE管理体系是否符合QHSE工作的策划安排，是否正确地实施和保持，是否满足企业的方针和目标。

设立该要素的意图是通过规范内部审核管理，保持QHSE管理体系的符合性和有效性。该要素包括以下方面的管理：内部审核管理和安全环保专项诊断与评估管理等。

（2）管理要点：

① 内部审核管理：

油气田企业及二级单位应依据集团公司《质量健康安全环境管理体系审核管理办法》《进一步规范和加强企业质量和HSE管理体系审核工作的指导意见》要求：

——建立内部审核管理制度，结合实际细化制定量化审核标准和审核检查表。

——明确内部审核员培养的相关要求，建立审核员工作评估和激励机制，定期开展审核员培训，建立满足要求的内部审核员队伍。

——组织年度审核策划，编制内部审核计划。按照量化审核方式，策划开展HSE体系内部审核，准确量化审核结果，定级定档。

——按照审核计划，有效组织实施审核。

——审核总结和审核问题整改，审核结果得到有效应用。

② 安全环保专项诊断与评估管理：

油气田企业职能部门应依据《安全环保专项诊断与评估工作细则》要求：

针对重点单位、重点领域和重大项目安全环保风险，组织开展安全环保专项诊断与评估工作。

七、管理评审

《集团公司QHSE管理体系量化审核标准》中"5.7管理评审"包含1个审核主题"管理评审"。

（1）概述：

该要素主要是指油气田企业各级主要负责人，定期组织最高管理层、各职能部门和适当管理层次的负责人，以会议方式对QHSE体系进行评审，评审应包括评价改进的机会和对 QHSE 管理体系进行修改的需求。评审过程应收集必要的信息，保存相应记录。

设立该要素的意图是通过定期组织管理评审，评价 QHSE 管理体系的适宜性、充分性和有效性，实现持续改进。

该要素包括以下方面的管理：管理评审准备、输入、实施、输出。

（2）管理要点：

油气田企业、二级单位体系主管部门应依据集团公司《质量健康安全环境管理体系审核管理办法》《质量管理体系建设推进方案》要求：

——主要负责人每年至少以安委会、职代会或其他专项会议的方式主持召开一次管理评审会。

——管理评审形成的决议，由涉及的相关职能部门制订实施方案或计划，决议得到有效落实，主要负责人和有关人员掌握决议落实情况。

第二章
QHSE 管理体系审核

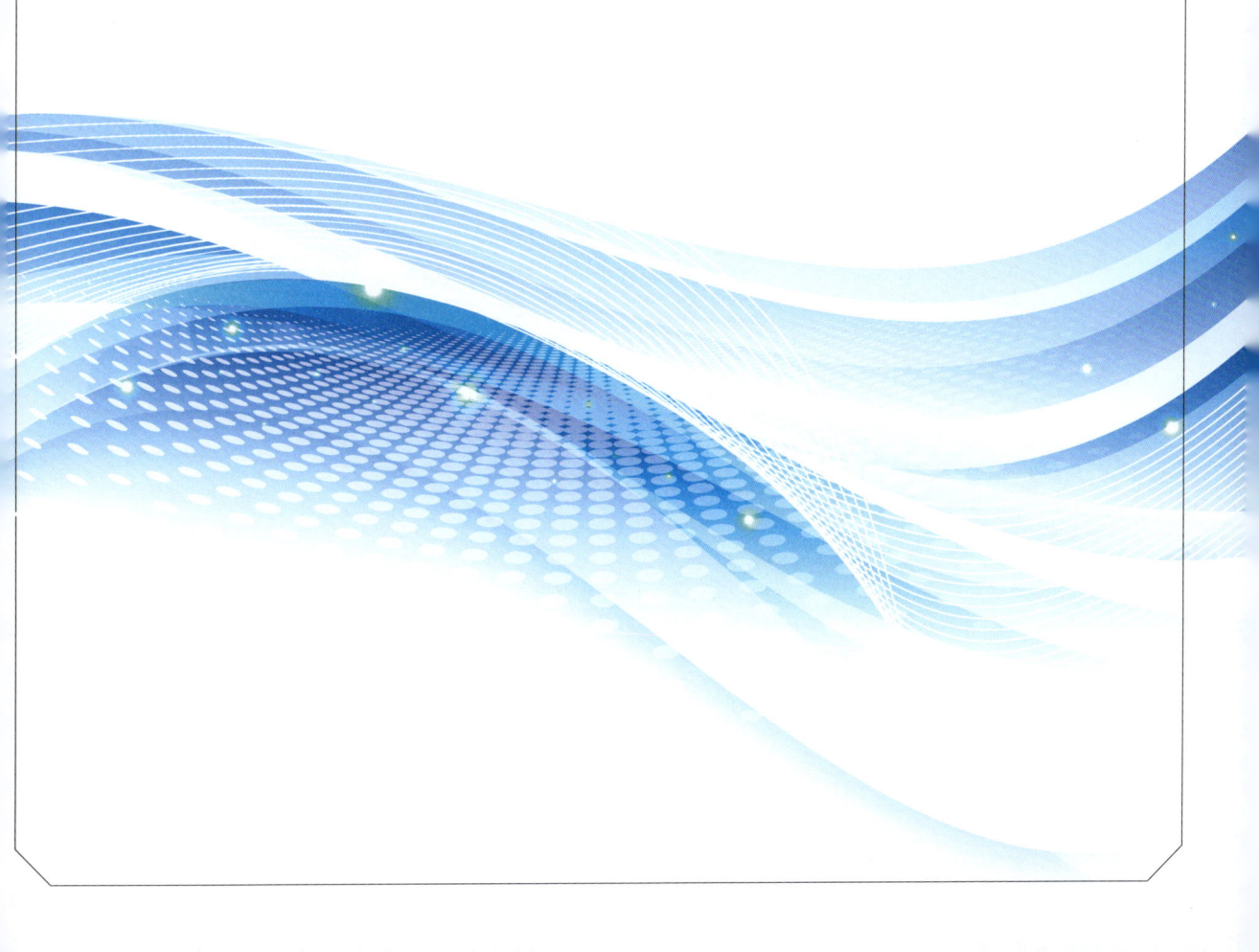

QHSE管理体系审核是一种有计划、有步骤、根据一套系统化的程序而进行的活动，指为了客观评价管理体系运行状态而进行的信息收集、证据获取的过程，包括审核范围确定、审核组建立、审核计划制订及准备、现场审核实施、审核工作总结和末次会议，以及审核后续管理等，是推进QHSE管理持续改进的重要方式。

第一节　审核概述

一、审核的概念

（一）审核相关术语和定义

依据GB/T 19011—2021《管理体系审核指南》，审核相关术语定义如下：

1. 审核

审核是指为获得客观证据并对其进行客观的评价，以确定满足审核准则的程度所进行的系统的、独立的并形成文件的过程，是确保企业QHSE管理体系有效运行、持续改进的重要手段。换言之，审核就是发现QHSE管理体系运行的长处与短板，并进行纠偏的过程。

2. 审核准则

审核准则是指用于与审核证据进行比较的一组方针、程序或要求，包括体系审核标准、法律法规要求、顾客要求、QHSE管理制度、作业指导书、合同义务等。换言之，审核准则就是审核标准和依据，是QHSE体系运行所要达到的标准。

3. 审核证据

审核证据是指与审核准则有关并能够证实的记录、事实陈述或其他信息，即证明QHSE管理体系运行规范或偏离要求的证据。

4. 审核发现

审核发现是指将收集的审核证据对照审核准则进行评价的结果，即判断生产现场、制度文件或管理流程、现状与法律法规、标准、规范、审核标准等文件、准则是否存在偏离的过程，一般指的是不符合，也包括好的经验做法。

5. 审核结论

审核结论是指考虑了审核目标和所有审核发现后得出的审核结果，即审核组对组织是否符合体系运行标准、是否符合发展期望作的整体性的评价，也是对体系运行的健康状态进行客观评估。即对体系运行状况的综合评价。

（二）审核的目的

QHSE管理体系审核是企业建立和保持质量和HSE管理体系的重要组成部分，可以检查 QHSE 管理体系是否按预期目标和规定要求运行和实施，判定运行是否符合 QHSE 管理体系的方针和目标，以达到 QHSE 管理体系持续改进的目的。

1. 确定管理体系与审核准则的符合性

符合性包括两个方面：第一，确定受审核方是否建立了文件化的 QHSE 管理体系，其 QHSE 管理体系文件是否符合审核准则要求；第二，确定受审核方的 QHSE 管理体系运行现状是否符合审核准则的要求。

2. 发现管理体系可予以改进的领域

通过审核，判断 QHSE 管理体系是否按照体系文件的要求有效运行并得到保持，指出受审核方 QHSE 管理体系可以改善和提高的方面。

3. 评估管理体系的充分性和有效性

通过系统分析评价 QHSE 管理体系审核发现的问题和长处，对比管理体系建立的定位要求，评价体系运行的充分性和有效性。

（三）QHSE 体系审核和安全检查的关系

QHSE 体系审核是一项科学、严谨、用于改进管理的工具，目的是对整个 QHSE 管理体系的符合性、充分性、有效性和可持续性等方面进行评审，从管理角度查找问题原因，系统查找管理缺陷，促进企业管理提升。

安全检查是一项专业、规范、用于查找改进某一生产系统或设备管理现状的方法，依据检查项目把找出的不安全因素（如人的不安全行为，物的不安全状态）以问题的形式制成表格，以便实施检查和安全管理，更多的是针对某一个作业现场或某一类业务查找隐患和问题。

整体看，QHSE 管理体系在管理原因查找上更深入、更系统，而检查主要针对表象问题。对检查发现的问题进行职责、制度、培训、检查、考核等管理原因追溯，可以视为关键点的审核。

二、审核原则

审核的特征在于其遵循若干原则。这些原则有助于使审核成为支持管理方针和运行控制的有效运行，并为组织提供可以改进绩效的信息。Q/SY 08002.3—2021《健康、安全与环境管理体系 第 3 部分：审核指南》及集团公司相关要求，审核遵循以下原则：

（一）独立性原则

审核员应独立于受审核的活动，没有利益上的冲突，审核员在审核过程中应保持客观公正，以保证审核发现和结论建立在审核证据的基础上。

（二）系统性原则

审核应依据规定的方法和系统性的程序予以实施。

（三）保密性原则

审核员在审核过程中涉及的专利、技术标准等有关信息，未经书面许可不应向第三方透露，在完成审核活动后，归还所有文件和资料。

（四）"三不审核"原则

没有审核方案不审核，没有检查表不审核，审核员没有培训不审核。

（五）"一体化、差异化、精准化"审核要求

（1）一体化审核：以风险防控为目标，以生产运行为主线，将质量与HSE管理体系审核统一部署、同步安排、同步实施、同步分析与总结，提高审核工作效率，减轻被审核单位负担。

（2）差异化审核：结合审核对象的风险程度及管理现状，采取全要素量化审核、专项量化审核、单位自审或重点抽查审核。

（3）精准化审核：结合审核对象的风险特点和管理现状，编制专项审核方案或检查表，实施系统、针对性的审核，系统分析以往突出问题和重复发生问题，查找管理短板和缺陷，抓重点、抓关键，提高审核专业性。

三、审核分类

（一）按审核目的分类

Q/SY 08002.3—2021《健康、安全与环境管理体系　第3部分：审核指南》中按照审核目的不同，体系审核类型包括内部审核，集团公司审核，承包方和（或）供应方审核，认证审核。

（1）内部审核：组织按规定的时间和程序进行QHSE体系内部审核，客观地获取审核证据予以评价，以判定组织对其设定的QHSE管理体系审核准则与运行实际的满足程度，系统的、独立的、形成文件的过程。

（2）集团公司审核：集团公司建立"分专业、多方式、分层级、全覆盖"的审核模式，结合审核方案策划的要求，组织开展QHSE管理体系审核。集团公司审核包括集团公司总部（和/或专业分公司）对企业的审核。

（3）承包方和（或）供应方审核：组织应制订审核计划，定期对承包方和（或）供应方进行审核，也可作为重要内容将其纳入组织内部审核和集团公司审核同步开展。

（4）认证审核：由国家认证认可委员会认可的机构，组织实施管理体系认证，通过认证审核推动和规范组织建立、实施和保持管理体系，满足各方面的需求。证书应有"CNAS"标识。

（二）按审核内容分类

Q/SY 08002.3—2021《健康、安全与环境管理体系　第3部分：审核指南》中按照审核内容分类，分为全要素审核和专项审核。

（1）全要素审核：是由一次审核活动完成体系所有要素的审核，对体系的建立和运行效果进行全面审核评价。

（2）专项审核：是以某一个或多个专项业务、活动、体系要素为主题进行审核，如责任制、工艺安全、特种设备、承包商、职业健康、污染防治、风险防控、应急管理等内容。

（三）按审核方式分类

Q/SY 08002.3—2021《健康、安全与环境管理体系　第3部分：审核指南》中按照审核方式分类，分为量化审核和内审指导审核。

（1）量化审核：是针对QHSE管理体系所有要素或审核主题、部分要素或部分审核主题采取量化打分形式开展的审核，是对体系的建立和运行效果进行的全面或局部领域的量化评价。

（2）内审指导审核：是指各单位根据自己的管理短板和审核重点内容制定专项审核方案，成立指导审核组，对指导审核单位的审核方案、审核计划进行审核确认，对审核实施进度和审核效果全程跟踪，并根据情况随时开展现场抽查验证、列席指导、巡回旁听等方式加强督促指导，参加审核末次会议，对审核有关情况进行点评。

（四）按审核时间分类

Q/SY 08002.3—2021《健康、安全与环境管理体系　第3部分：审核指南》中按照审核时间分类，分为集中式审核和滚动式审核。

（1）集中式审核：是在确定的一段时间内一次性完成体系覆盖的所有部门、单位和要素集中审核。

（2）滚动式审核：是每季或每月按单位或按要素、审核主题进行一次审核，至少每年度做到全覆盖，也称阶段式审核。

四、审核范围

审核的范围可视企业所建QHSE体系覆盖的业务、产品和服务而定，并可有一定的灵活性。审核范围描述了审核的内容和界限，可分批次对所辖被审核对象进行审核，并做到全覆盖。审核可根据不同时期制定不同的审核重点，以便观察体系要素的运行有效状况，达到持续改进的目的。

五、审核人员的选择

合格的审核员是企业QHSE管理体系运行和改进的中坚力量，也是体系审核能够顺利实施的基础，油气田企业应建立审核人员管理流程、制度，建立一支稳定的审核员队伍，并对其使用有效管理。

（1）审核员的个人素质：审核员应具备良好的道德素养和沟通协调能力，还应具备敏锐的洞察力、灵活性、决断力和适应力强等职业素养。

（2）审核员的专业知识：熟悉油气田企业生产经营活动相关国家法律法规、行业标准和管理规章制度，具备 3 年以上安全、环保、QHSE 体系、相关技术业务等工作经验，取得 CCAA 认可的质量、安全、环境或职业健康实习审核员资格，或取得有资格的认证咨询机构培养并颁发的资格证书。

六、审核流程

管理体系审核程序包括审核的策划和准备、审核的实施、问题清单的形成、审核报告的编写及审核的后续活动等，具体内容可根据组织的实际情况做适当的调整。管理体系审核基本流程如图 2-1 所示。

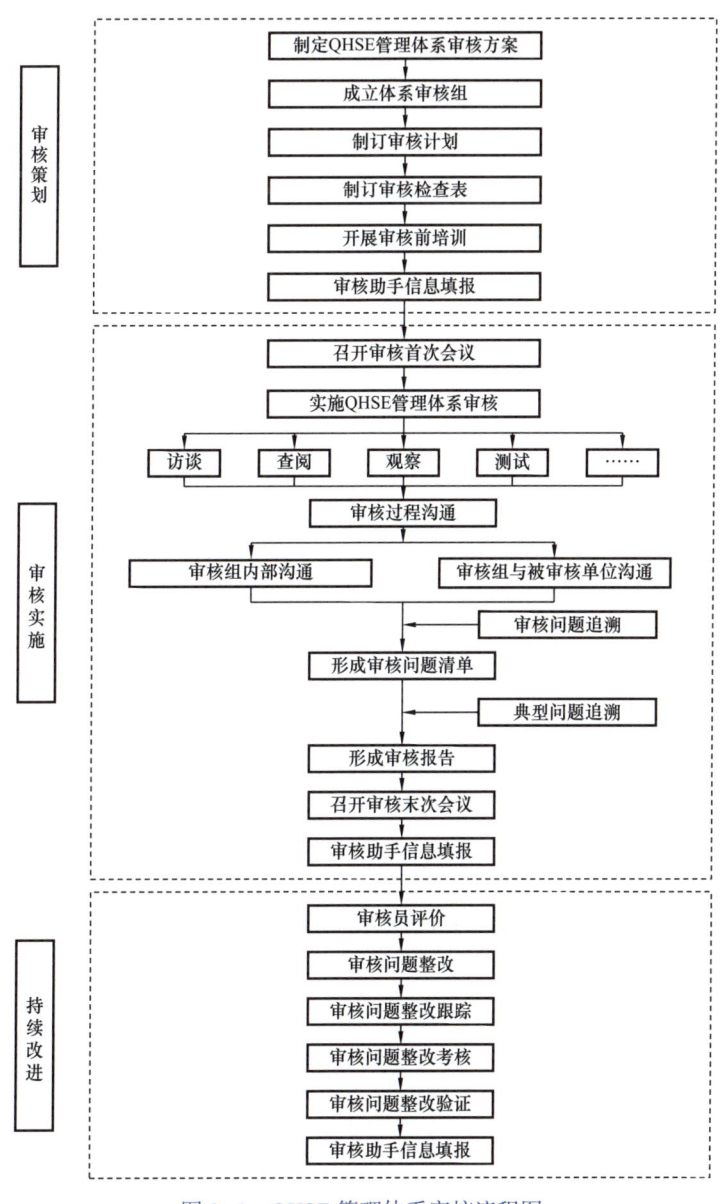

审核策划
- 制定QHSE管理体系审核方案
- 成立体系审核组
- 制订审核计划
- 制订审核检查表
- 开展审核前培训
- 审核助手信息填报

审核实施
- 召开审核首次会议
- 实施QHSE管理体系审核
- 访谈　查阅　观察　测试　……
- 审核过程沟通
- 审核组内部沟通　审核组与被审核单位沟通
- 审核问题追溯
- 形成审核问题清单
- 典型问题追溯
- 形成审核报告
- 召开审核末次会议
- 审核助手信息填报

持续改进
- 审核员评价
- 审核问题整改
- 审核问题整改跟踪
- 审核问题整改考核
- 审核问题整改验证
- 审核助手信息填报

图 2-1　QHSE 管理体系审核流程图

第二节 审核策划

企业应充分做好审核的策划工作，合理运用策划的结果组织实施和改进。审核策划中最关键的是制定审核方案，方案应明确特定时间段的审核内容、审核形式、审核频次及次数、审核资源等。同时，也应关注审核实施前的准备工作。

一、审核方案策划

在 GB/T 19011—2021《管理体系审核指南》中，对"审核方案"是这样定义的：针对特定时间段所策划并具有特定目标的一组（一次或多次）审核安排。审核方案也称审核大纲、年度审核计划等，是对一个特定时间段的审核进行策划，确定审核形式、审核频次，确定和提供审核资源。根据受审核单位的规模、性质和复杂程度，一个审核方案可以包括一次或多次审核。审核方案还包括对审核的类型和工作量进行策划和组织，以及在规定的时间框架内高效实施审核提供资源的所有必要活动。企业内部审核方案应统筹策划全年审核安排，将审核与检查紧密结合，并贯穿于生产经营活动全过程。

（一）审核方案内容

审核方案的制定应考虑审核的目的、范围与程度，以及所需资源和程序，突出整体部署和计划安排，包括但不限于：（1）审核目的。（2）与审核有关的风险和机遇及其解决措施。（3）审核范围及方式。（4）时间安排。（5）审核内容及重点。（6）审核组织及人员要求。（7）现场实施要求。（8）总结通报要求。（9）不符合项整改要求。（10）其他审核要求等。

（二）审核方案编制

审核组织方应结合全年生产经营计划、重点工作部署、上级工作要求等编制年度审核方案，确定受审核部门或现场、审核内容、审核时间、审核组长以及审核组成员等。对一个具体企业而言，一般一年策划一次审核方案，策划的输出一般为"年度内部管理体系审核方案"，或在年度工作计划中明确年度的审核安排。特殊情况时，可以重新调整审核方案。

1. 审核方案管理职责

企业的最高管理者是审核方案的最高负责人，可对审核方案的管理进行授权，应当：（1）确定审核方案的目的和内容。（2）确定职责和程序，并确保资源的提供。（3）确保审核方案的实施。（4）保持适当的审核方案记录。（5）监视、评审和改进审核方案。

2. 审核方案的资源

识别审核方案所需资源时应当考虑：（1）策划、实施、管理和改进审核活动所必要的财务资源。（2）审核的技术和方法。（3）实现并保持审核员能力及改进审核员表现的过程。（4）获取有能力的审核员和技术专家。（5）实施审核方案的范围和程度。（6）交通、路途时间、食宿和其他审核所需要的条件。

3. 审核计划制订

审核计划针对单次审核。审核组在现场审核实施前，应与受审核单位对接完善审核计划，确定后的审核计划，审核组长要报审核组织方备案。制订审核计划前，应先组织文件审核，要求受审核单位提供 QHSE 管理体系的相关文件和记录，如体系管理手册、相关规章制度、以往审核报告等，在完成文件审核的基础上，根据受审核单位 QHSE 管理体系运行的管理现状、风险特点等编制审核计划。审核计划主要内容包括：（1）审核目的。（2）审核方式。（3）审核对象。（4）审核人员。（5）审核依据。（6）重点内容。（7）任务分工。（8）日程安排。（9）其他要求。

4. 审核计划内容

审核计划应当明确：（1）审核的策划和日程安排。（2）管理人员的作用和职责。（3）管理人员的能力。（4）方案的范围和详略程度。（5）确定审核方案资源。

（三）审核计划的实施

审核计划编制完成后，经审定批准后实施。审核计划的实施应明确：（1）与相关方沟通审核方案。（2）与审核计划有关的审核日程安排和审核活动协调。（3）为审核组提供必要的资源。（4）按审核计划进行审核。（5）审核活动记录的控制。（6）审核报告的评审和批准，并确保分发给审核委托方和其他相关方。（7）审核后续活动。（8）应保持记录以证实审核计划的实施。（9）根据现场审核情况，实时调整计划安排确保审核任务顺利完成。

（四）审核记录

审核记录应当予以保存和完善保管，证实审核方案的实施。主要包括：（1）与每次审核形成成果有关的记录，如审核计划、审核报告、问题清单等。（2）审核方案、计划评审的结果。（3）与审核人员有关的记录。如审核员能力与表现的评价等。

二、审核实施前准备

内部审核的准备是组织内部审核取得良好效果的重要前提，其准备得充分与否，直接影响内部审核的质量。

（一）成立审核组

油气田企业或二级单位应依据审核方案和受审核单位实际，选取符合要求的审核人员组建审核组。油气田企业或二级单位领导人员应带队参加审核，职能部门相关领导人员应参加具体审核工作。原则上，审核组成员应从企业审核员和技术专家库中抽调。组建审核组应当考虑被审核单位的主要业务类型及本次审核的重点内容，从而选取适宜于本次审核的专业审核员。审核组中应包括组长、技术组长、报告主笔、联络员和审核员，可按照计划和工作量设置若干审核小组并设立小组长。审核员包括但不限于各层级管理者、质量健康安全环保专家和业务专家等。

（1）审核组长工作职责：① 主持召开首次会议，向受审核单位通报审核计划安排，提出配合做好审核工作的有关要求。② 访谈受审核单位领导，参与对重点部门和单位的审核，了解重点工作部署落实情况。③ 对审核发现的严重问题和有关争议组织讨论，确认问题清单，安排问题追溯，提出问题整改、督办建议。④ 总结提炼被审核单位在QHSE管理、技术方法、文化建设等方面的典型做法和优秀经验。⑤ 把握好审核工作进度，突出审核重点，协调处理审核过程中出现的意见争议。⑥ 组织编写审核报告，形成审核结论。⑦ 组织召开末次会议，通报审核情况，明确管理短板，提出整改要求。⑧ 负责对审核人员的工作表现进行评价。⑨ 对审核质量负责。

（2）审核技术组长工作职责：① 负责审核技术和质量把关。② 协助组长完善审核计划。③ 协助组长协调各审核小组人员组成、工作进度。④ 协助组长与各方协调沟通，处理审核中遇到的问题。⑤ 协助组长完成审核发现的收集和整理，并带领报告主笔编制审核报告。

（3）审核联络员职责：负责审核组与审核组织者、受审核方及其他相关方的协调沟通，工作内容包括但不限于计划调整、内容变更、人员安排、行程安排等。

（4）报告主笔职责：报告主笔除完成审核员工作外，负责按照组长、技术组长的要求编制完善审核报告，不得擅自披露具体内容。

（5）审核小组长职责：审核组内负责本小组审核工作，负责小组审核任务安排和工作协调、小组审核方向与审核重点把控、本小组审核资料收集、汇总，对小组审核工作质量负责。

（6）审核人员职责：① 参加审核培训，熟悉审核各项要求。② 按照审核计划和分工要求开展审核。③ 按要求提交问题清单、审核证据和审核情况总结。④ 服从审核工作指令，遵守审核纪律。⑤ 完成组长布置的其他审核相关工作。

（二）编制检查表

编制审核检查表是现场审核工作有序、有效实施的重要保障，是提高审核质量的重要环节，其作用主要体现在三个方面：一是与审核目标有关的样本内容、抽样数量和抽样方法等都能在检查表中得以体现，确保审核的代表性和完整性；二是紧扣审核主题，减少随意性和盲目性，令审核按照计划进度进行；三是现场审核遇到某种干扰时，提醒审核员按照策划的审核内容和预期目标进行调查取证。

检查表的编制是审核准备阶段的主要工作。审核人员要按照任务分工，研究确定审核思路，在现有量化审核标准基础上，结合被审核单位实际，编制完善配套的审核检查表，充分考虑审核对象的管理流程、职责任务、风险特点等进行编制，细化明确具体审核重点、审核方法和抽样安排等。

需要说明的是，体系标准虽未对有关检查表的内容做任何规定，但在审核中编制和应用检查表是众多审核人员长期经验的结晶，是保证审核准备、审核过程和审核结果等质量的有力武器，是审核员必须掌握的基本技能。

（三）审核前培训

按照"三不审核"原则，审核方案和计划完成后，审核组织方应当组织对所有审核人员进行集中培训，培训内容包括传达审核要求，学习有关审核标准、检查表、明确审核重点、审核方案、审核技巧、审核问题追溯分析等，并明确廉洁自律、资料保密等纪律要求。

第三节　审核实施

现场审核应是客观的、独立的和公正的，以事实为依据，以标准或其他文件规定为准绳。现场审核实施过程，审核员把收集到的客观证据适时记录下来，通过审核证据、审核发现的汇总和分析，得出审核结论，并经受审核方确认后开具不符合项报告，最后召开末次会议，结束现场审核。审核组要按审核计划完成所有审核任务。

一、举行首次会议

首次会议是审核组全体成员与受审核方领导共同参加的一次会议，应包括受审核方所涉及的机关职能部门、所属单位的主要负责人。原则上，审核组进驻受审核单位后应召开首次会议，宣告现场审核启动。

（一）首次会议的目的

首次会议由审核组长主持，向受审核方介绍审核的具体内容及安排，并协调、澄清有关问题。首次会议的目的包括：

（1）确认审核计划。
（2）简要介绍审核活动的实施。
（3）建立审核组与受审核单位的正式联系，确认沟通渠道。
（4）提出并落实审核有关要求，并向受审核方提供询问的机会。
（5）确认审核所需要的资源。
（6）澄清审核实施计划中不明确的内容（如限制的区域和人员、保密声明等）。

（七）现场应急演练

在应急预案中随机选取应急演练主题，抽取相关人员对应急响应及救援程序进行模拟演练，查验人员应急能力、救援程序、应急响应是否有效；推荐使用"双盲演练"，即不编制脚本、不预设情节，随机进行演练；有条件的进行实践演练，没有条件的进行桌面推演。

（八）作业许可模拟

审核组随机抽取相关人员，模拟现场高危作业施工组织、风险辨识及安全措施制订，模拟作业许可现场办理全过程，检查属地人员作业许可管理能力，发现作业许可程序及执行中存在的管理漏洞，以便提出改进建议。

（九）操作规程验证

在审核现场抽取若干操作人员，利用现场环境，模拟设备操作过程，提问设备运行参数及巡检维护要求，检查员工对安全操作的能力，是否满足"四懂三会"（懂性能、懂原理、懂结构、懂用途，会操作、会保养、会排除故障）管理要求。

（十）重点工作查验

提前收集审核涉及的专项工作方案和工作计划，按照上级管理要求及本单位工作部署要求，核查工作及相关要求的落实情况，同时对结果性的指标进行验证，如安全生产三年整治、危险化学品专项整治、重点领域专项整治等重点工作。

（十一）验证

现场审核时的验证是指对审核发现的相关信息做进一步的追溯、分析和确定。审核过程中，通过审核方法的运用，发现了一个现象或状况，审核员怀疑这一现象或状况可能导致不符合的出现，为了确认其将导致的某项不符合，需进一步按照一定的要素逻辑关系进行审核追踪，以便保证掌握准确的信息，所以对收集到的证据进行分析验证是必不可少的。

三、审核沟通

根据审核的范围和复杂程度，在审核中需要对审核组内部及审核组与受审核方之间的沟通作出正式安排。

（一）审核组内部沟通

在审核过程中，审核组应加强内部沟通，交流每日审核发现（包括典型做法）；评定审核进展情况，以及需要时重新分配审核组成员的工作。审核组内部沟通交流主要有以下内容：

（1）审核活动的进展和计划执行完成情况，以及是否需要调整审核计划或重新分派审核组成员的工作。

（2）审核组成员从不同渠道收集到的信息，以及不同审核员之间相互协助补充印证的信息，或需要进一步追踪验证的信息。

（3）讨论过程中出现的异常情况，包括可能导致审核目的和审核范围发生变更的情况，商讨适用的措施。

（4）向审核组长报告，审核组成员在审核中发现超出审核范围以外的应关注的问题。

（5）解决审核员之间的问题分歧。

（6）收集信息的汇总和分析，确定审核证据并形成审核发现。

（二）审核组与被审核单位沟通

（1）审核问题申诉。被审核方对审核问题存疑的，审核后 2 日内，整理相关资料、证据、规范，以书面形式向审核组组长进行申诉，说明管理现状及问题的原因。

（2）审核问题沟通。审核组长应及时协调解决有争议的问题，确定是否需要进行深入审核或补充审核，并向被审核方反馈；应根据阶段任务完成情况及工作质量，适时调整审核日程安排。审核组应与受审核单位对接，沟通确认审核发现问题。

四、审核过程控制

审核过程中审核组组长应对审核的全过程进行控制，审核组成员应对各自所审核的过程进行控制。控制的内容应包括以下几个方面：

（一）审核计划控制

在审核过程中审核组组长应保持与审核员的沟通，及时了解审核计划的执行情况，必要时应及时进行调整，调整的结果应及时通知审核组织方和受计划调整影响的受审核方。审核员在审核过程中出现审核延期而影响下一个部门或单位的审核时，应及时通知审核组组长，由审核组组长进行协调。审核目标无法实现时，审核组组长应向审核组织方和受审核方报告原因，并采取适当措施，包括终止审核和变更审核目标。

（二）审核范围控制

当审核过程中发现审核计划对重要内容有遗漏时，应及时通知审核组组长，由审核组组长调整审核计划进行弥补。当审核过程出现超计划内容时，审核员可以根据审核时间的安排情况灵活变通，但必须确保审核计划及审核内容能按期完成。

（三）审核重点控制

根据被审核方业务类型、主要风险及上级部门 QHSE 管理体系审核重点的相关要求，确定 QHSE 管理体系审核的重点，并制订审核计划，做好审核组内部沟通，确保审核重点任务的合理分配。审核重点应包括但不限于法律法规、标准规范及规章制度要求的遵守情况，危害因素辨识、风险评价和控制情况，目标、指标确定及目标实现情况的监视测量，运行控制的有效性，职责履行情况，体系各功能要素的衔接一致性。

（四）审核客观性控制

审核组组长每天对审核组成员发现的审核证据进行审查，凡是不确定或不够明确的，不应作为审核证据予以记录；对不能确认的证据，应再审查核对。审核组应经常或定期与受审核方代表交换意见，以取得对方对审核证据的确认。做出审核结论之前，审核组组长应组织全组人员讨论，避免错误或不恰当的结论。

五、形成审核发现

审核发现是将收集到的审核证据对照审核标准进行评价的结果。审核组对所收集到的客观证据进行整理，对照审核准则评价审核证据以形成审核发现，审核发现能表明符合或不符合审核准则，审核组应在适当的审核阶段对审核发现进行共同评审，特别是在召开末次会议之前应进行评审。

（一）问题确认及汇总

所有现场审核结束后，审核员应对审核发现的问题及时进行汇总整理，描述要准确、客观、清晰，并附相关照片等证实材料；审核组内部应对发现不符合项进行逐项讨论确认，并按照体系标准的要素和量化审核标准的主题准确进行不符合项的分级归类，完整规范地填写问题清单，同时将审核发现的问题及时上传勘探QHSE审核信息平台（即"审核助手"系统）。

（二）审核追溯

"审核追溯"是根据表象问题通过推理、判定从而找到根源性问题的一种工具手段，也是QHSE体系审核的基本思路。每一个问题的产生都不是孤立的，而是多种因素叠加、相互作用产生的。产生问题的因素可能存在于各个管理层级、各个管理环节之中，需要采取正确的方法"追根溯源"，找到问题产生的根本原因，从而便于对一类问题的系统性整改。"追根溯源"是体系审核区别于安全检查的基本特征，其目的就是通过各管理环节、各管理层级找到与问题相关的因素，辨别和分析问题产生的深层次原因，探究问题产生的根源，以便有针对性采取系统性的纠正和预防措施，对于持续改进QHSE管理具有重要作用。

审核追溯是督促各单位职能部门"三管三必须"职责有效落实的重要方法，也是推进各单位全面构建风险分级防控、隐患排查治理的双重预防机制的有效手段，所以对审核问题如何有效地开展追溯显得尤为重要。审核追溯流程如图2-2所示。

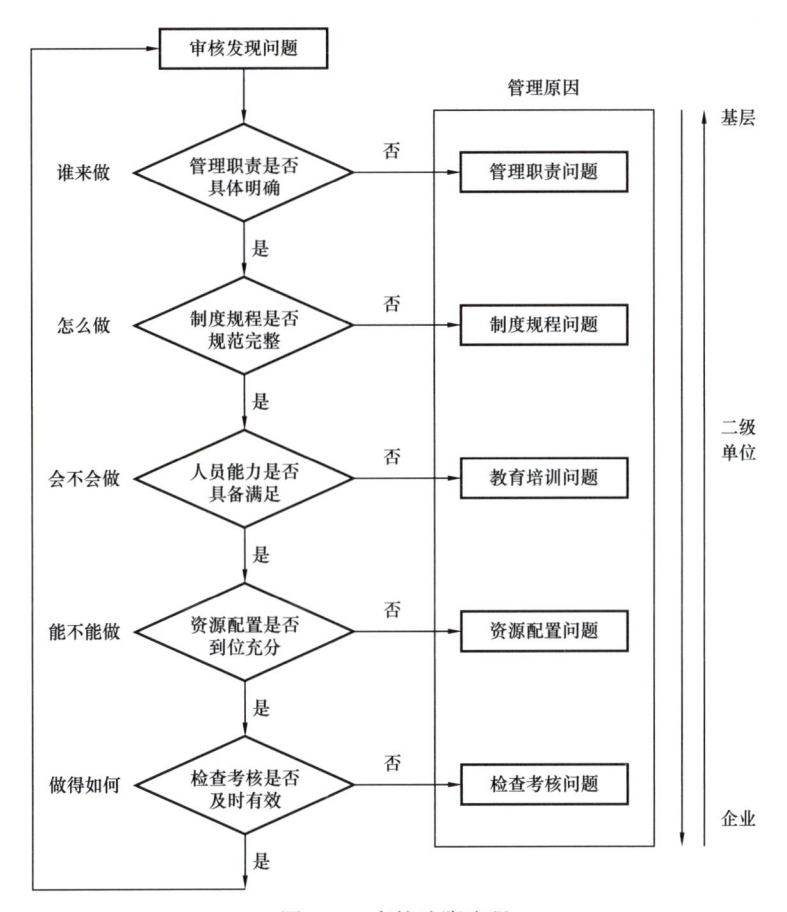

图 2-2　审核追溯流程

六、形成审核结论

（一）综合量化评分

对于企业实施量化审核，审核组长应结合审核发现，依据量化审核标准组织进行综合量化评分，结果要客观公正、符合实际。

（二）形成审核结果

审核组应结合事故事件情况、依法合规生产经营情况、安全环保风险管控情况、体系各要素运行情况等，以受审核方能够理解和认同的方式提出审核发现和结论。

对于全要素量化审核，其审核结果应分级定档，即：审核的总分值最后折算到百分制，根据审核得分情况对受审核方 QHSE 管理情况分成 4 级 7 档（降级或降档：一是当企业在审核年度内发生生产安全亡人事故或对集团公司造成较大负面影响的事故事件；二是出现审核主题的得分率在 40% 以下的）。

对于专项量化审核，通常仅进行评分，原则上不做分级定档。

（三）审核数据分析

审核员应通过发现不符合项和其他审核证据，对相关过程的符合性和有效性作出综合分析评价；审核组长不仅要认真分析发现的不符合项，而且要全面听取审核员对审核过程的综合分析，同时组织审核员对审核发现和分值进行统计分析，确定管理短板，提出改进和提升建议，编写审核报告。分析和建议应针对记录的内容，做到准确、清晰、可操作。

（四）审核报告编制

审核报告是对审核发现的汇总、分析、归纳、总结，应由审核组长组织审核人员编制，并对审核报告的准确性与完整性负责。审核总结报告应至少包括以下内容：

（1）基本情况（或审核概述）：审核组、审核人员、抽样现场等数据，以及领导访谈等重点审核要求落实情况等。

（2）典型做法：QHSE管理与技术、文化建设等方面成熟的、值得推广的、可借鉴的并取得较好效果的典型经验或有效做法。

（3）主要问题：统计分析审核发现问题的整体情况，按体系要素、按业务类型、按管理层级分类说明审核发现的典型问题或共性问题，并进行管理追溯，系统剖析管理体系在职责、制度、资源支持等方面存在问题。

（4）工作建议：提出下一步问题整改的工作建议，以及强化管理的具体举措。

七、召开末次会议

在现场审核结束后，审核组应组织召开审核末次会议或审核结论通报会。向企业的管理层、受审核部门和单位相关人员通报审核结果和审核结论，并提出下一阶段的改进要求。末次会议是现场审核结束的标志。

（一）末次会议的目的

（1）向受审核方的最高管理者、领导班子成员和受审核部门及单位概括介绍审核情况。

（2）以受审核方能够理解和认同的方式，提出请管理层予以进一步匹配资源解决的主要问题（包括严重问题、典型问题等），并宣布审核发现和审核结论。

（3）提出改进要求及纠正措施的跟踪验证要求。

（4）宣布结束现场审核。

（二）末次会议的内容

末次会议应由审核组长主持，参加末次会议的人员应包括受审核单位的主要领导，以及机关职能部门、所属单位的主要负责人等，也可包括审核委托方和相关方。必要时，可选择视频会方式扩大参会人员范围。适用时，审核末次会议应包括安全经验分享、审核情况通报、审核组织方及受审核方主要领导发言等内容。末次会议的内容如下：

（1）审核组长宣布会议开始。

（2）重申审核目的和范围（此次重申具有总结性质）。

（3）QHSE体系审核情况通报。审核组长对以下内容进行通报：

① 基本情况。主要包括：审核组构成、审核前培训、现场审核情况、重点审核任务实施情况（如：覆盖范围、领导访谈、检查问题整改验证、承包商整顿情况验证、应急演练、模拟签票、模拟操作、"四不两直"检查等）。

② 审核发现。主要包括：典型做法、主要问题等。

③ 审核结论。主要包括：审核结论、量化评级、总体评价等。

④ 下步要求。主要包括：管理改进建议、下步工作要求等。应提出对纠正措施的要求，包括纠正措施完成期限和追踪验证或监督审核方式的要求。

⑤ 说明抽样的局限性。应说明审核是一种带有一定风险性和局限性的抽样活动，审核组力求审核结果公正、客观和准确。

（4）受审核方领导表态。最高管理者就审核结论和不符合项及纠正与预防措施要求明确表态，并适当说明今后体系的改进方向。

（5）末次会议结束。当末次会议所有议程完成，受审核方没有任何异议时，审核组长可宣布末次会议结束。

八、资料整理与移交

审核组离开受审单位前，应将审核总结报告、问题清单交给受审核单位，并在5个工作日内将审核成果材料提交至审核组织方。如果不能完成，应向审核组织方说明延误的理由，并就新的提交日期达成一致。审核报告属审核组织方所有，审核组成员和审核报告的所有接收者，都应当尊重并保持审核的保密性。

审核报告应经企业最高管理者或管理者代表审查批准；经批准的审核报告应当分发给指定的接收者，一般为企业所有高层管理者、与审核有关的部门、单位的相关人员等；报告的分发应签收。

当审核计划中的所有活动均已完成，并分发了经过批准的审核报告，审核即告结束。审核的相关文件应当按照审核方案程序、适用的法律法规和合同要求予以保存或销毁。审核组长与文件保管人做好移交手续，并注意后续工作（如纠正措施效果验证等）产生的存档。

除非法律要求，没有得到审核委托方和（适当时）受审核方的明确批准，有关人员不应当向任何其他方泄露文件内容及审核中获得的其他信息或审核报告。如果需要公布审核文件的内容，应当尽快通知审核委托方和受审核方。

九、审核质量评价

油气田企业应根据各审核组审核方案计划制订情况，审核过程质量管控、审核问题质量、审核通报质量、二级单位领导班子访谈实施情况、审核目标任务完成情况等综合评价审核质量，以持续改进、提升审核实效。必要时，可对审核质量进行问卷调查。审核质量问卷调查表见表2-1。

表2-1 审核质量问卷调查表

类别	调查内容	分值 5	4	3	2	1	N/A
审核计划	1. 在审核开始前，审核组长与受审核方领导层或联络员进行了沟通						
	2. 在审核开始前及时得到审核计划，计划内有明确的审核目的、范围、依据及时间安排等信息						
审核过程	3. 审核是有效率的，并以专业化的方式进行						
	4. 审核很好地评价了现场的实际情况						
	5. 审核是有效果的						
	6. 审核并未对现场生产造成过度的影响						
审核组	7. 审核组清楚本单位组织架构和管理现状						
	8. 审核组对操作过程和工艺系统有足够的认识和了解						
	9. 审核组有足够的法律法规知识、能力和经验						
	10. 审核组能发现问题，并抓住重点						
	11. 审核组愿意给工作人员提供解释、建议和帮助						
	12. 审核组是以帮助为目的，而不是教训和指责						
	13. 审核组有很好的追溯能力						
	14. 审核组成员善于沟通、工作认真						
	15. 审核组能很好地发挥团队功能						
审核末次会议	16. 会议提出的发现项是客观和准确的						
	17. 会议对发现项和建议有足够的解释						
	18. 审核组与受审核方对审核结论有足够的沟通						
	19. 会议对发现问题的符合性有很好的阐述						
	20. 会议对促进QHSE管理是有帮助的						
其他建议							

注1：问卷内容可根据审核的具体情况或专项审核的内容，做出相应的增补或删减。

注2：对于下列调查内容在适当的分值打"√"来表明认可的程度，说明如下：5—很好；4—好；3——般；2—差；1—很差；N/A—不适用（如果由于参与有限，不能对某一特定内容打分，请选择N/A栏）。

注3：如果问卷调查内容未涵盖到所关注的事项，可列在"其他建议"下。

第四节 持续改进

一、人员能力评价

现场审核结束后,油气田企业应按照统一的考评标准和一级评价一级的原则组织开展审核员评价。审核组织单位根据审核组长和技术组长的表现对其进行考核评分,审核组长和技术组长对审核组成员的表现进行考核评分,评价结果纳入审核员积分管理。审核组织方要跟踪审核人员过程表现和工作质量,对表现优秀的审核人员要及时通报表彰;对工作不负责或违反纪律要求的,要及时清退并严肃追责。考核评价结果作为评优奖励的推荐依据,并录入 HSE 信息系统存档。详见表 2-2、表 2-3。

表 2-2 审核组长考核评价表

序号	姓名	性别	出生年月	单位	职务	职称	擅长专业	参审企业	审核天数	考评内容及得分情况								考评分数	考评人
										审核计划编制情况（15分）	全程带队审核情况（20分）	企业领导和部门访谈情况（10分）	审核问题质量和深度（15分）	审核报告编制质量（15分）	首末次会议召开情况（15分）	组织协调和过程掌控能力（10分）		

表 2-3 审核人员考核评价表

序号	姓名	性别	出生年月	单位	职务	职称	擅长专业	参审企业	审核天数	考评内容及得分情况										考评分数	考评人
										审核标准掌握（10分）	专业技术水平（10分）	发现问题数量（10分）	发现问题质量（10分）	问题管理追溯（10分）	沟通协调能力（10分）	文字表达能力（10分）	工作态度（10分）	遵章守纪（10分）	团队贡献（10分）		
1																					
2																					
3																					
4																					
5																					

二、问题整改闭环管理

油气田企业 QHSE 管理体系审核遵循 PDCA 动态循环模式,问题整改是其检查、纠正的关键环节，完整闭环的 PDCA 循环才能有效削减现场及管理中存在的问题隐患，推进 QHSE 管理的有效提升，维持良好的 QHSE 绩效。

（一）问题整改

审核问题整改应通过分类分析后，分专业系统开展整改工作。各专业部门应组织落实问题整改，在规定周期内完成整改销项，因特殊原因未在规定时间内完成整改或无法整改的应制订管控措施，将风险消减到可接受范围内，同时主管部门应协调一切资源，对隐患进行整改。各单位在问题整改过程中，应分专业进行系统分析，从修订管理职责、完善制度规程、提高人员能力、优化资源配置、强化检查考核等方面查找问题产生的深层次管理根源，做到举一反三、系统整改。

（二）整改跟踪

受审单位应及时将审核问题的整改情况录入相应的审核信息管理系统；审核组织方要及时跟踪、督促受审核单位审核发现问题整改进度及完成情况，严重问题要挂牌督办，直至问题全部整改关闭。

（三）考核问责

各油气田企业和二级单位应将 QHSE 管理体系审核发现问题整改情况纳入年度 QHSE 管理考核的重点内容予以考核，考核结果作为各单位安全生产先进单位评选的重要依据；对审核问题整改不力、虚假整改、整改不及时造成严重后果或影响，或由于不作为、履职不力导致突出问题的，受审核单位必须要查明管理原因，应参照事故责任追究相关制度对相关单位和责任人进行严肃考核、问责。

（四）整改验证

审核组织方在后续阶段的审核、工作督导、调研等相关活动中，要对审核发现问题整改情况进行抽查验证，严重问题要全部验证，确保整改质量。审核验证重点关注问题的整改结果是否已符合标准、规范或制度要求，是否从管理上进行改进，纠正和预防措施是否满足现场风险管控要求，其他现场是否还存在同样问题。审核员针对审核问题进行跟踪和验证，并确认其有效性后，可在纠正措施和预防措施验证记录中注明验证结论，并签字确认。

第三章
审核的基本方法

审核员的能力和水平直接影响审核的客观性、公正性和有效性，而决定审核员能力和水平的因素，一方面取决于审核基础知识的掌握，另一方面取决于审核方法、技巧和工具的选择运用。在现场审核中审核员要根据被审核对象实际情况，合理选用相关的审核方法、技巧和工具，查找受审核单位管理体系运行的薄弱环节，追溯深层次管理问题证据链，提升审核的质量；同时对受审核单位的 QHSE 管理体系运行作出客观评价，帮助企业提升 QHSE 管理水平。

第一节　初级审核员应知会用的审核方法

在审核过程的组织中，审核组通常由初级审核员、中级审核员、高级审核员、专业审核员等人员组成。根据审核员的级别，在组内的分工往往有所不同。在各审核流程环节，初级审核员的工作安排和能力要求可参见图 3-1。

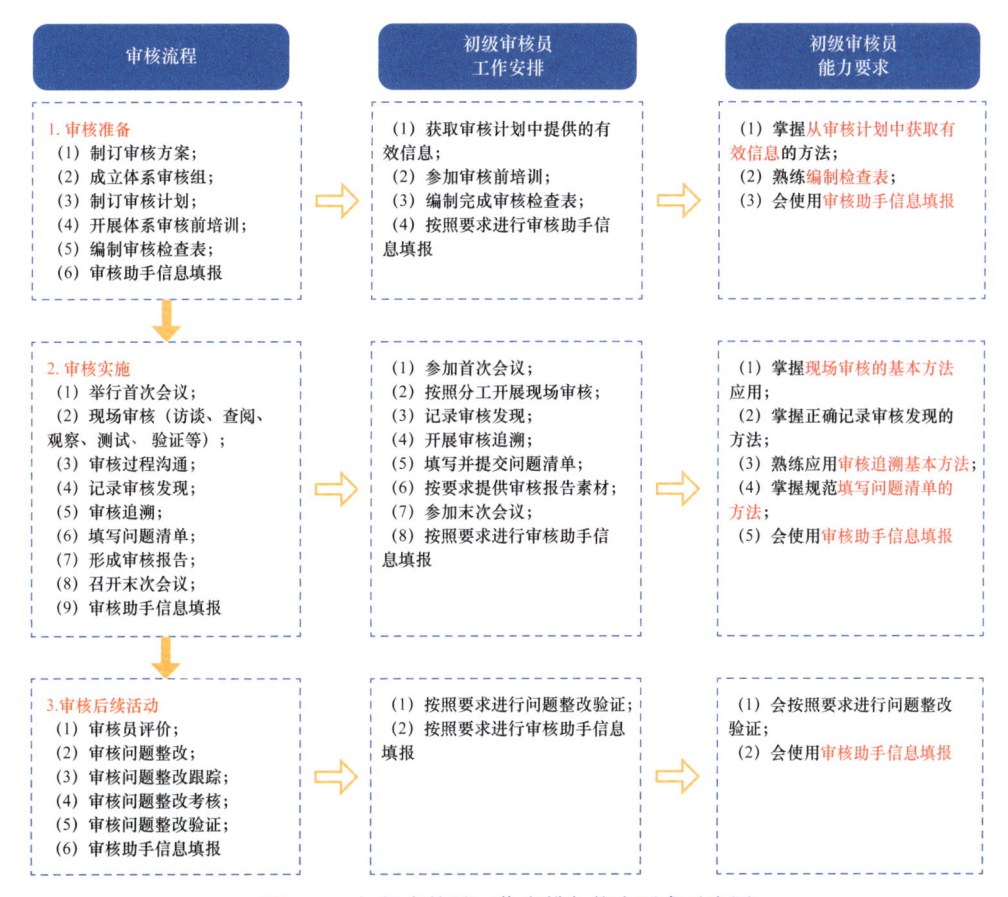

审核流程	初级审核员 工作安排	初级审核员 能力要求
1. 审核准备 (1) 制订审核方案； (2) 成立体系审核组； (3) 制订审核计划； (4) 开展体系审核前培训； (5) 编制审核检查表； (6) 审核助手信息填报	(1) 获取审核计划中提供的有效信息； (2) 参加审核前培训； (3) 编制完成审核检查表； (4) 按照要求进行审核助手信息填报	(1) 掌握从审核计划中获取有效信息的方法； (2) 熟练编制检查表； (3) 会使用审核助手信息填报
2. 审核实施 (1) 举行首次会议； (2) 现场审核（访谈、查阅、观察、测试、验证等）； (3) 审核过程沟通； (4) 记录审核发现； (5) 审核追溯； (6) 填写问题清单； (7) 形成审核报告； (8) 召开末次会议； (9) 审核助手信息填报	(1) 参加首次会议； (2) 按照分工开展现场审核； (3) 记录审核发现； (4) 开展审核追溯； (5) 填写并提交问题清单； (6) 按要求提供审核报告素材； (7) 参加末次会议； (8) 按照要求进行审核助手信息填报	(1) 掌握现场审核的基本方法应用； (2) 掌握正确记录审核发现的方法； (3) 熟练应用审核追溯基本方法； (4) 掌握规范填写问题清单的方法； (5) 会使用审核助手信息填报
3. 审核后续活动 (1) 审核员评价； (2) 审核问题整改； (3) 审核问题整改跟踪； (4) 审核问题整改考核； (5) 审核问题整改验证； (6) 审核助手信息填报	(1) 按照要求进行问题整改验证； (2) 按照要求进行审核助手信息填报	(1) 会按照要求进行问题整改验证； (2) 会使用审核助手信息填报

图 3-1　初级审核员工作安排与能力要求示意图

根据图 3-1 可以看出：在审核准备阶段，初级审核员应掌握从审核计划中获取有效信息的方法，并能够熟练编制检查表，会使用审核助手进行信息填报。在审核实施阶段，

表 3-3 采油厂内部审核分工示例（按部门审核）

序号	审核员姓名	审核员小组	审核部门	量化审核主题
1	钱××	第一组	生产运行部	领导和承诺；QHSE方针；危害辨识、风险评价和控制措施；合规性管理；目标指标和方案；机构、职责和安全环保投入；制度和规程；设备设施；承包商管理；供应商管理；作业许可；生产运行；变更管理；应急管理；道路交通安全；安全监督检查
2	孙××	第一组	人事部	领导和承诺；QHSE方针；危害辨识、风险评价和控制措施；合规性管理；机构、职责和安全环保投入；能力培训和意识；制度和规程；承包商管理；变更管理；事故事件
3	郑××	第一组	质量安全环保部	领导和承诺；QHSE方针；危害辨识、风险评价和控制措施；目标指标和方案；机构、职责和安全环保投入；能力培训和意识；制度和规程；协商与沟通；承包商管理；供应商管理；作业许可；职业健康管理；污染防治；清洁生产；生产运行；变更管理；道路交通安全；危化品管理；标准化建设；安全监督检查；环境信息；事故事件；内部审核；管理评审
4	陈××	第二组	井下作业部	领导和承诺；QHSE方针；危害辨识、风险评价和控制措施；合规性管理；目标指标和方案；机构、职责和安全环保投入；能力培训和意识；制度和规程；承包商管理；供应商管理；生产运行
5	褚××	第二组	工程项目部	领导和承诺；QHSE方针；危害辨识、风险评价和控制措施；合规性管理；目标指标和方案；机构、职责和安全环保投入；制度和规程；承包商管理；供应商管理；生产运行；作业许可
6	沈××	第二组	采油工艺研究所	领导和承诺；QHSE方针；危害辨识、风险评价和控制措施；合规性管理；目标指标和方案；机构、职责和安全环保投入；制度和规程；设备设施；承包商管理；供应商管理；作业许可；变更管理；安全监督检查
…	……	……	……	……

2）按要素审核的路线设计

按要素审核的路线，是以要素为中心进行审核。QHSE管理体系由若干要素组成，其中的一个要素往往涉及多个部门，因此一个要素的审核，除审核该要素的主管部门，还需去审核要素所涉及的相关部门才能达到该要素审核的要求。油气田企业对二级单位进行审核时，往往关注二级单位各个体系要素的运行情况，查找体系要素运行的问题和症结，此时可采取按要素审核的路线展开审核。对审核人员进行分工时，可根据审核人员的专业和特长，按照量化审核主题进行分工，示例见表3-4。

表 3-4 采油厂审核分工示例（按要素审核）

审核员姓名	审核员小组	主要负责主题要素	重点审核内容
赵××	一组	18. 变更管理 19. 应急管理 22. 危化品管理	重点任务：开展一次应急演练
钱××	一组	13. 作业许可 14. 职业健康管理	重点任务：开展一次作业许可模拟签票审核。 重点内容：施工作业环节工作前安全分析实施情况、作业许可审批、风险管控措施落实。 重点内容：一是疫情防控，常态化疫情防控及应对处置局部风险情况，人员出入管理、轨迹排查、测温查码、防护物资发放等工作落实；二是职业卫生，健康企业创建方案编制落实及创建工作，员工健康体检、健康风险评估及健康档案规范情况，对患高风险疾病员工的健康干预，非生产性亡人事件报告及原因分析
孙××	一组	4. 合规性管理 7. 能力培训和意识 8. 制度和规程	重点任务：组织开展一次领导干部及员工知识测试。 重点内容：新提拔处科两级领导干部安全生产述职和履职能力评估情况
李××	一组	12. 承包商管理 20. 消防安全 21. 道路交通安全	重点内容：承包商管理联管监管责任落实，资质审查把关，重要敏感时段升级管控要求落实，承包商队伍整顿与清退；外部承包商关键岗位人员 HSE 培训情况
……	……	……	……

3）全要素审核路线设计的注意事项

根据审核时间安排，可分为集中式审核和滚动式审核。两者主要在审核时间和审核范围上有所区别，对比可见表 3-5。

表 3-5 集中式审核和滚动式审核的对比

对比项目	审核方式	
	集中式审核	滚动式审核
审核时间	确定时间内一次性完成	一般每季度或每月进行一次审核
审核范围	覆盖的所有部门、单位和要素	抽样部分单位或要素，确保一定时间内做到全覆盖

根据集中式审核、滚动式审核的不同特点，在全要素审核路线的设计上，应关注以下注意事项：

（1）在"全要素审核＋集中式审核"中，不论是按部门审核还是按要素审核，都应合理进行人员和时间的分配，要依据审核人员的专业、特长、能力合理进行审核部门/单位或者量化审核主题的分配，并按照审核时间合理安排工作量，确保在规定时间内，保质高效完成审核任务，达到审核预期效果。

（2）在"全要素审核+滚动式审核"中，要识别阶段审核任务，如抽样的审核要素或抽样的审核部门，根据抽样的方法确定审核路线。比如，阶段审核是针对设备设施等5个审核主题进行审核，则采取按要素审核的路线进行人员和时间分配；如阶段审核是针对生产运行部等5个部门进行审核，则采取按部门审核的路线进行人员和时间分配。需要注意的是，通常一个审核周期内只选用一种审核路线进行阶段审核，如第一个审核阶段抽取了部分要素进行审核，周期内其他阶段也应采取要素抽样的审核，不能第一阶段抽取部分要素审核，第二阶段抽取部分部门审核。此外，一个审核周期内，必须完成所有部门、单位和要素的审核，不能遗漏任何单位、部门或者要素。

2. 专项审核的路线设计

专项审核，是以某一个或多个专项业务、活动、体系要素为主题进行的审核，如工艺安全、消防管理、设备设施等内容。通常，采取按要素审核可高效率地完成专项审核的任务。在审核计划的策划上，要对专项审核的量化主题进行识别，并依据按要素审核的设计方法进行人员分工安排，即明确审核人员主要负责的量化审核主题及重点审核内容。例如，某采油厂开展环保专项审核，依据《勘探与生产分公司环保专项审核标准》进行人员分工，可参考表3-6。

表3-6 采油厂环保专项审核分工示例（按要素审核）

审核员姓名	审核员小组	主要负责主题要素	重点审核内容
赵××	一组	1. 领导和承诺 2. 机构、职责	重点内容：各级党组织生态环境保护议事制度落实情况；各级党委中心组定期学习习近平生态文明思想情况
钱××	一组	3. 危害辨识、风险评价和控制措施 4. 合规性管理	重点内容：生态环境隐患排查治理情况；环境因素与环境风险管理情况
孙××	一组	5. 污染防治 7. 清洁生产 8. 环境信息	重点内容：法律禁止开发区域退出整治；中央生态环境保护督察问题销项；国家和地方各类督导、审计及检查发现问题整改销项；历史遗留污泥排查与处置；重大生态环境风险隐患排查整治工作；VOCs治理方案编制与实施；污染物减排指标分解与落实；生态环境督查工作开展情况；环境管理与监测能力建设
李××	一组	6. 生态保护	重点内容：开展土壤及地下水污染隐患排查与治理工作情况；生态保护红线排查与退出情况；实施生物多样性保护情况；绿色矿山整体推进情况
……	……	……	……

(三)审核计划安排

1. 审核计划的基本结构

目前,油气和新能源分公司统一的审核计划主要包含三个模块,分别是:被审核单位信息、审核主题及分工、审核日程安排。

1)被审核单位信息

被审核单位信息一般需要填写:公司名称、公司地址、联系人及联系电话。填写时须按照实际情况真实、准确填写。

2)审核主题及分工

审核主题及分工需要按照审核组承担的审核任务,结合审核员的专业、特长及能力对审核主题进行分配,并明确审核的重点内容。

3)审核日程安排

审核日程安排需要结合审核的工作量及时间进行总体安排。

2. 审核主题及分工安排

根据现行的油气和新能源分公司审核计划的要求,审核主题及分工情况的基本内容和格式可参见表3-7。

表3-7　审核主题及分工情况示例

审核员姓名	审核员小组	主要负责主题要素	重点审核内容

(1)审核员姓名:需要对组内全体审核员进行工作安排,不能遗漏任何一个审核员。

(2)审核员小组:一般审核组内可能会根据审核任务、路线或方式进行细化分组,如第一组、第二组,或安全组、环保组、质量组等。在填写时一定要注明审核员所属的工作小组。

(3)主要负责主题要素:根据审核所依据的量化审核标准,结合审核员的专业、特长、能力进行审核主题的分配。在分配时,一定要与审核员专业和特长匹配,使审核员充分发挥出专业才能。同时,一定要根据审核任务(如全要素审核、专项审核)的要求,将所需审核的全部主题要素进行有效分配,避免缺项漏项。

(4)重点审核内容:依据审核方案中的重点任务和重点内容,结合审核主题的分配,相匹配地进行安排,使本次审核中要求的重点工作全部部署到位,在审核中有效落实。

3. 审核日程安排

审核日程安排的基本内容和格式可参见表3-8。

审核日程安排的关键是工作量和时间的有效安排。在安排时,要考虑的因素有:

(1)审核路线的安排,即按部门审核、按要素审核、正向审核、逆向审核等。

(2)多场所审核抽样的安排,即各个不同类型的生产场所的审核数量,如采油现场、

续表

审核员姓名	审核员小组	主要负责主题要素	重点审核内容
孙××	一组	4. 合规性管理（4.1、4.2、4.3、4.4） 7. 能力培训和意识 8. 制度和规程 18. 变更管理（18.1）	重点任务：组织开展一次领导干部及员工知识测试。 重点内容：新提拔处科两级领导干部安全生产述职和履职能力评估情况
李××	一组	12. 承包商管理 20. 消防安全 21. 道路交通安全	重点内容：承包商管理联管监管责任落实，资质审查把关，重要敏感时段升级管控要求落实，承包商队伍整顿与清退；外部承包商关键岗位人员 HSE 培训情况
周××	一组	3. 危害辨识、风险评价和控制措施（3.1、3.3、3.4） 10. 设备设施（10.1、10.2、10.3、10.4、10.5、10.7）	重点内容：井控风险管控重点难点问题整治攻坚情况；油库罐区、储气库、城镇燃气、硫化氢防护、井控等五个重点领域集中整治工作；2020 年国务院安委办油气储存和长输管道隐患专项排查治理督导检查问题整改销项情况
吴××	一组	1. 领导和承诺（1.2、1.3、1.4、1.5、1.6） 2. QHSE 方针 5. 目标指标和方案 9. 协商与沟通	重点内容：各级党组织生态环境保护议事制度落实情况；各级党委中心组定期学习习近平生态文明思想和安全生产重要论述情况；领导干部安全生产承包点制度落实《中国石油天然气集团有限公司安全生产承包点管理办法》（中油质安〔2020〕12 号）； 重点内容：全员安全生产记分制度落实《中国石油天然气集团有限公司企业全员安全生产记分管理办法》（中油质安〔2020〕11 号）
郑××	一组	6. 机构、职责和 QHSE 投入 27. 事故事件 29. 内部审核 30. 管理评审	局处两级领导干部安全生产责任清单编制及落实情况。 重点内容：事故单位风险管控措施的落实情况、管理改进措施实施效果的关注。 重点任务：内部审核问题整改情况验证；严重问题 100% 现场验证。 重点内容：审核制度建立落实、审核标准完善、审核员队伍培养情况，年度审核方案编制及审核计划实施、审核报告编写、审核问题质量、问题整改销项；总部上年度审核发现问题整改质量效果；基层 HSE 标准化示范站队培育情况
王××	一组	3. 危害辨识、风险评价和控制措施（3.2） 15. 污染防治 16. 清洁生产 26. 环境信息	重点内容：法律禁止开发区域退出整治；中央生态环境保护督察问题销项；国家和地方各类督导、审计及检查发现问题整改销项；历史遗留污泥排查与处置；重大生态环境风险隐患排查整治工作；VOCs 治理方案编制与实施；污染物减排指标分解与落实；生态环境督查工作开展情况；环境管理与监测能力建设；绿色矿山整体推进情况

续表

审核员姓名	审核员小组	主要负责主题要素	重点审核内容
冯××	一组	17. 生产运行（17.1、17.2、17.3、17.4、17.5、17.6、17.7） 24. 安全监督检查	重点任务：钻井、井下作业、工程建设项目等工程技术现场及承包商作业现场抽样不少于3个。 重点内容：油气水井质量整治及产品质量管理情况，套损套变井、页岩油气井、井筒质量、入井材料和流体质量四个专项整治工作开展情况，井身质量、固井质量不合格判定"七条红线"落实情况；油气水井工程质量巡查监督机构建设及人员配备；原油产品有机氯含量控制；钻井液质量控制措施落实与井筒质量管控情况，复杂地层钻井过程溢流处置和井喷风险管控措施落实情况，"三高一超"井、风险探井井控设计与装置配备情况。重点内容："四不两直"工作常态化开展情况
陈××	一组	17. 生产运行（17.1、17.2、17.3、17.4、17.5、17.6、17.7） 23. 标准化建设	重点任务：钻井、井下作业、工程建设项目等工程技术现场及承包商作业现场抽样不少于3个。 重点内容：油气水井质量整治及产品质量管理情况；套损套变井、页岩油气井、井筒质量、入井材料和流体质量四个专项整治工作开展情况，井身质量、固井质量不合格判定"七条红线"落实情况；油气水井工程质量巡查监督机构建设及人员配备；原油产品有机氯含量控制；钻井液质量控制措施落实与井筒质量管控情况，复杂地层钻井过程溢流处置和井喷风险管控措施落实情况，"三高一超"井、风险探井井控设计与装置配备情况
褚××	一组	1. 领导和承诺（1.7） 4. 合规性管理（4.5） 10. 设备设施（10.6） 11. 供应商管理 17. 生产运行（17.8） 25. 质量监督与产品检验 28. 绩效监测 31. 质量持续改进	重点内容：各级党组织生态环境保护议事制度落实情况；各级党委中心组定期学习习近平生态文明思想和安全生产重要论述情况；领导干部安全生产承包点制度落实《中国石油天然气集团有限公司安全生产承包点管理办法》（中油质安〔2020〕12号）
卫××	二组	1. 领导和承诺（1.2、1.3、1.4、1.5、1.6） 5. 目标指标和方案 6. 机构、职责和QHSE投入 8. 制度和规程 23. 标准化建设	重点内容：各级党组织生态环境保护议事制度落实情况；各级党委中心组定期学习习近平生态文明思想和安全生产重要论述情况；领导干部安全生产承包点制度落实《中国石油天然气集团有限公司安全生产承包点管理办法》（中油质安〔2020〕12号）。 重点内容：全员安全生产记分制度落实《中国石油天然气集团有限公司企业全员安全生产记分管理办法》（中油质安〔2020〕11号）。 局处两级领导干部安全生产责任清单编制及落实情况
沈××	二组	……	……
韩××	二组	……	……

3. 审核日程安排

日期	时间	审核任务 第一组（11人）				审核任务 第二组（11人）			
		安全	环保	质量	健康	安全	环保	质量	健康
3.10	全天	审核组进驻××采油厂								
3.11	全天	审核前培训，审核分工分组								
3.12	8：00—9：30	前往东线指挥部召开首次会（简单对接）				前往西线指挥部召开首次会（简单对接）			
	9：30—16：00	大站大库及采油现场审核	环境敏感区现场审核	施工现场审核	大站大库及采油现场审核	大站大库及采油现场审核	环境敏感区现场审核	施工现场审核	大站大库及采油现场审核
3.13	8：00—16：00	基层单位追溯审核	基层单位追溯审核	基层单位追溯审核	基层单位追溯审核	基层单位追溯审核	基层单位追溯审核	基层单位追溯审核	基层单位追溯审核
3.14	8：00—16：00	返回××采油厂厂部，进行前期整理、分析、汇总								
3.15	8：00—17：00	机关科室及科研单位 （1）生产运行部。（2）党委组织部。（3）规划计划部。（4）企管法规部。（5）质量安全环保部。（6）设备管理部。（7）厂长办公室。（8）党委宣传部。（9）生产保障部。（10）工会。（11）保卫部。（12）井下作业部。（13）工程管理部。（14）科技信息部。（15）采油工艺研究所。（16）地质研究所								
3.16	8：00—17：00	汇总审核情况，编写审核报告								
3.17	9：00—10：30	末次会议								

编写人：　　　　　　　　审核组长确认：

二、审核检查表的编制

（一）审核检查表概述

1. 审核检查表简介

审核检查表是审核员进行现场审核的重要工具，也是现场审核的重要原始资料之一。审核检查表的编制是审核准备阶段的主要工作。设计审核检查表前应收集和查阅与受审核方有关的管理手册、职能分配表、组织机构图、审核计划、程序文件、作业文件，以及法律法规、标准、合同、以往的检查记录（可行时）等文件和资料，了解受审核部门的主要职能与过程，审核相关体系文件的符合性，检查相关文件的接口是否明确、协调。要使用PDCA的思路，对每项相关职能与主要过程进行编制。同时，审核员应掌握抽样调查的方法。

2. 审核检查表和量化审核标准的关系

审核检查表和量化审核标准是两个不同的审核工具，两者既互相独立，又相辅相成；既相互区别，又相互联系。

1）审核检查表和量化审核标准的区别

目前，集团公司主要采取量化审核的方式开展 QHSE 体系审核。审核时，要求审核员按照现行的量化审核标准进行对标审核。量化审核标准是将 QHSE 体系的三层管理文件（即体系手册、程序文件、规章制度）进行解构和分析，按照体系的七个一级要素明确重点审核主题、项目和标准。在量化审核标准中，已经细致明确了审核主题及各个主题下设的审核对象、审核项、审核内容、评分项及评分说明，但未明确审核思路及现场审核时应采取的方法。

审核检查表是审核员现场审核时的重要工具，在审核检查表中通常会按照审核员的分工和时间安排，依据审核对象的管理流程、职责任务、风险特点，遵循 PDCA 审核的思路，细化明确具体审核重点、审核方法和抽样安排，在检查表中明确"查什么，去哪查，找谁查，怎么查"，确保检查表有效支撑现场审核的实施。

2）审核检查表和量化审核标准的联系

审核检查表和量化审核标准虽然是互相独立的，但在现场应用时联系也非常紧密。主要体现在两个方面：

一是量化审核标准为审核检查表编制提供依据。在量化审核标准中，已经明确了集团公司、油气和新能源分公司对于油气田企业及其二级单位、基层单位、生产现场 QHSE 管控的各类措施、要求、标准。在编写审核检查表时，应以量化审核标准为依据，明确审核内容及关注点，避免在检查表的编写中出现缺项、漏项、错项。

二是审核检查表是量化审核标准的现场应用。审核检查表不是量化审核标准的机械应用，而是经过审核思路、逻辑的整理后，对量化审核标准进行重新组合，更适合现场审核的应用。在审核检查表的编制中，要按照审核任务的要求，结合审核路线的安排，对量化审核标准的关注点进行整理和审核。比如，审核任务是按主题要素分配的，审核员就应识别出审核主题要审核的现场和部门，在量化审核标准中对审核项进行整理和梳理。如果审核任务是按部门分配的，审核员就应识别出受审核部门要审核的所有审核主题，在量化审核标准中对审核项进行整理和梳理。因此，审核检查表是对量化审核标准中审核项目和要求的逻辑化应用，更适合现场审核应用。

（二）检查表编制依据

编制检查表的依据主要有以下几个方面：

（1）QHSE 管理体系标准。

（2）受审核方的管理体系文件化信息（包括方针、目标，描述管理体系覆盖范围和整体情况、过程及相互作用的文件化信息等）。

（3）适用的法律、法规、标准／相关规范和其他要求。

（4）收集到的受审核方有关信息。

（5）审核计划。

（三）检查表编制思路

检查表应体现审核的思路。现场审核的思路一般可采用顺向追踪审核和逆向追溯审核，可参见表3-9。

表3-9 顺向追踪审核和逆向追溯审核的对比

对比项目	审核思路	
	顺向追踪审核	逆向追溯审核
特征	主要按PDCA管理的基本流程的顺序审核，与逆向追踪审核正好相反	主要按与顺向审核基本流程相反的顺序审核，与顺向追踪审核正好相反
审核路线	在现场审核时，可按照"策划（规定）→实施→检查→处置（改进措施）"的顺序进行审核	在现场审核时，可先在生产现场进行审核，针对审核发现的问题，逆向进行追溯。可按照"检查→实施→策划（规定）"的顺序进行检查
审核要求	审核员掌握PDCA的思路即可展开追溯审核	审核员需要对所审核的业务非常熟悉，能够快速找准逆向追踪的方向，避免找不准问题原因，做无效追踪
优点	可系统地、全面地了解QHSE管理体系运行的整个过程，查证各要素之间的衔接，思路清楚，容易发现问题，保证审核的系统性和全面性	从体系运行的效果来查证，有较强的针对性，可以很快、较容易发现体系中存在的问题。审核的有效性较为突出，审核发现更加真实有效
缺点	需要完成审核的时间较长，若在有限的、较短的审核时间内，则不太容易达到理想的结果，容易陷进文件资料和记录审核的"泥潭"，降低了对体系运行效果的关注度	审核可能缺少系统性和全面性，若审核问题较多、较复杂，审核时间又有限，则不容易达到预期的目的
应用	这种方法在目前审核中，使用最多、最广，适合初级审核员进行学习和掌握，但应当增加与逆向追溯审核的配合，提高审核效果	这种方式在目前的量化审核中被越来越多地使用，可帮助审核员有效追溯管理层面的问题。需要审核员加强审核知识、业务知识及经验的积淀，配合顺向追踪审核，提高审核效果

1. 顺向追踪审核思路

应用顺向追踪审核时，通常可采用以下审核方法：（1）策划（规定）→实施→检查→处置或改进措施。（2）从控制的有效性查控制结果。两种审核方法都是按PDCA正向思路进行审核，前者更适用于审核职能部门或管理岗位，后者更适用于对生产现场的工艺控制、运行控制等现场管理的审核。两者审核思路相同，审核员可根据审核需要采纳适宜的审核方法。

1)"策划（规定）→实施→检查→处置或改进措施"审核应用

在某职能部门进行审核时，可根据该职能部门的主体业务开展顺向追踪审核，审核可以依据以下流程展开，参见图3-2。

审核：策划　业务工作的方案（总体策划）　⇒　审核：实施　实施或运行的有关记录　⇒　审核：检查　监督检查的开展情况　⇒　审核：处置　问题纠正和预防措施情况

图3-2 "策划（规定）→实施→检查→处置或改进措施"参考流程

例如，对某单位培训主管部门进行审核，可采取的审核思路可参见表3-10。

表3-10 对某单位培训主管部门审核的参考思路

审核思路	审核关注点
策划	1. 查看QHSE培训管理制度或相关管理要求。 2. 查看基层岗位HSE培训矩阵。 3. 查看年度QHSE培训计划
实施	1. 抽样查看QHSE培训项目的开展情况，包含制度中各类要求归档的记录、文件等。 2. 抽样查看各类应持证人员的持证情况
检查	查看开展QHSE培训评估或检查的有关情况
处置	查看评估或检查中发现问题的处置情况

从表3-10可以看出，审核人员是按照"策划（规定）→实施→检查→处置或改进措施"展开审核。

【第一步】审核人员根据培训主管部门的业务，重点开展QHSE培训的审核。

【第二步】审核人员对QHSE培训业务的总体策划进行审核。

（1）首先关注现行的QHSE培训管理制度或相关要求，识别制度中的各项控制措施和管理要求，尤其关注关键控制点。

（2）针对QHSE培训，还应查看全厂针对基层岗位的培训矩阵，同时验证培训矩阵是否符合培训管理制度的要求，以及是否有其他错误或不符合项，如对于岗位人员必学项目存在缺项、漏项，或已识别的岗位人员必学科目存在张冠李戴（如让电工学习油品化验的有关QHSE知识、技能等）。

（3）关注该单位全年的培训计划安排，同时验证是否符合培训管理制度要求，是否符合HSE培训矩阵的有关需求或要求。

【第三步】审核人员对QHSE培训业务的实施进行审核。

对于QHSE培训开展情况，典型的抽样审核包含两种形式：

（1）按照培训主管部门提供的年度培训计划，抽样查看已开展的QHSE培训项目，验证培训项目的归档文件、课件、记录、考试试卷等有效性和符合性，是否符合QHSE管理和培训管理制度的要求。

（2）按照各类应持证人员名单，抽样查看人员持证的有效性和符合性，验证是否符合QHSE管理和培训管理制度的要求。

【第四步】审核人员对QHSE培训业务的监督检查进行审核。

对于QHSE培训开展监督检查情况，典型的抽样审核包含两种形式：

（1）根据培训主管部门提供的年度培训计划，抽样查看已开展的QHSE培训项目的培训评估资料，查看评估资料中是否提出需要纠正或预防的问题。

（2）根据培训主管部门提供的年度工作计划或方案，查看是否制订了培训检查、评估等计划，如培训现场的"四不两直"检查、现场听课、学员培训反馈等，抽样查看培训主管部门开展的各类评估、检查等记录，验证是否提出需要纠正或预防的问题。

【第五步】审核人员对QHSE培训业务的问题处置或改进措施进行审核。

根据QHSE培训开展的各类监督检查、评估、反馈等发现的问题，查验问题的纠正、处置、改进等措施及其有效性。

审核：控制措施
1. 生产场站的各项管理规定或要求。
2. 生产场站的运行参数、工艺要求。

审核：控制结果
生产现场QHSE风险管控结果，包含生产系统运行状态、常规作业、非常规作业等

图3-3 "从控制的有效性查控制结果"参考流程

2）"从控制的有效性查控制结果"的审核应用

在某生产现场进行审核时，可根据该场站对生产运行的控制措施顺向追踪其控制结果，审核可以依据以下流程展开，参见图3-3。

比如，对某联合站进行审核，可采取的审核思路可参见表3-11。

表3-11 对某联合站审核的参考思路

审核思路	审核关注点
控制措施	1. 查看联合站班站长分工、机构设置、各专业小组成。 2. 查看联合站岗位职责。 3. 查看班组管理制度，包含但不限于：学习培训制度、6S管理、库房管理规定、综合治理管理规定、站干部带班制度等。 4. 查看生产运行类管理制度，包含但不限于：设备管理制度、数字化管理制度、岗位标准作业程序、流程切换程序、管线巡线管理等。 5. 查看HSE管理制度，包含但不限于：危险作业管理制度、安全目视化管理、危险化学品安全管理、特种设备安全管理、"三废"管理、职业健康管理、应急管理制度及预案、危害因素识别及控制措施等。 6. 查看技术类管理制度，包含但不限于：加药管理制度、工艺运行制度、仪器仪表制度、油水化验制度等。
控制结果	1. 查看生产现场工艺系统、设备设施运行情况。 2. 查看生产现场常规作业运行情况。 3. 查看生产现场非常规作业运行情况。 4. 查看生产现场环保管控情况。 5. 查看生产现场"三废"管理情况。 6. 查看生产现场应急管理情况。

从表 3-11 可以看出，审核人员是按照"从控制的有效性查控制结果"展开审核。

【第一步】查看联合站内各类管控措施，包含组织机构、岗位职责、班组管理制度、生产运行制度、HSE 管理制度、技术类管理制度等。

【第二步】通过已识别出的各类风险关键控制要点，按照站内各类风险评价结果，抽样查看高风险部位、作业的风险管控结果。

2. 逆向追溯审核思路

应用逆向追溯审核时，通常可采用以下审核方法：（1）检查→实施→策划（规定）。（2）从过程控制的结果，查控制的有效性。两种审核方法都是坚持问题导向的逆向审核思路进行审核。前者更适用于追溯职能部门或管理岗位，后者更适用于对生产现场的工艺控制、运行控制等现场管理的审核。两者审核思路相同，审核员可根据审核需要采纳适宜的审核方法。

1)"检查→实施→策划（规定）"审核应用

通过生产现场审核已发现了生产现场存在的问题，经过分析，对职能部门进行逆向追溯审核，审核可以依据以下流程展开，参见图 3-4。

审核：检查	追溯：实施	追溯：策划
在生产现场发现了典型问题，需要管理追溯	⇒ 追溯主管部门对该项工作的实施情况	⇒ 追溯主管部门对该项工作的总体策划

图 3-4 "检查→实施→策划（规定）"参考流程

例如，××××年××月××日某时某分，在某作业区双盲演练时（图 3-5），参演员工未进行空气呼吸器的检查，直接背上空气呼吸器进入现场进行抢险（同时，未能在 60s 内正确佩戴空气呼吸器）。经询问，现场员工不清楚使用空气呼吸器前必须进行安全检查，合格后再佩戴进入危险现场的要求。

图 3-5 双盲演练现场员工佩戴空气呼吸器

可采取的审核思路参见表 3-12。

表 3-12 对员工未正确佩戴空气呼吸器的逆向审核追溯

审核思路	审核关注点
检查	查看主管部门是否开展了针对员工佩戴、使用空气呼吸器的监督检查，查验有关记录
实施	查看主管部门是否开展了员工佩戴空气呼吸器的培训、演练及检查
策划	查看主管部门是否制订了有关的管理要求或方案

从表 3-12 可以看出，审核人员是按照"检查→实施→策划（规定）"展开审核。

【第一步】追溯主管部门，该部门没有针对员工佩戴、使用空气呼吸器的监督检查记录。

【第二步】追溯主管部门，该部门制订了员工佩戴、使用空气呼吸器的培训计划，但没有培训效果评估的记录及其他资料；同时，要求了各基层单位要组织开展员工佩戴、使用空气呼吸器的演练工作，但没有进行监督和检查。

【第三步】追溯主管部门，该部门××年××月××日转发油气田企业下发的《空气呼吸器安全管理办法》，明确"使用人员应能在 60s 内正确佩戴空气呼吸器""空气呼吸器使用前应进行外观和性能的检查"。

【结论】××作业区员工佩戴、使用空气呼吸器忽略关键要求，与主管部门未开展培训效果评估、未落实定期监督检查有直接关联。

图 3-6 "从过程控制的结果，查控制的有效性"参考流程

2）"从过程控制的结果，查控制的有效性"审核应用

通过生产现场审核已发现了生产现场存在的问题，可逆向追溯该场站对生产运行的控制措施有效性，审核可以依据以下流程展开，参见图 3-6。

例如，××年××月××日某时某分，在某联合站审核时发现，1# 事故罐进口处有一块压力表已经打翻（图 3-7），但当班员工并不清楚该压力表已经打翻，也不清楚压力表打翻的原因。

可采取的审核思路可参见表 3-13。

从表 3-13 可以看出，审核人员是按照"从过程控制的结果，查控制的有效性"展开审核。

【第一步】现场审核发现 1# 事故罐进口处有一块压力表已经打翻，但当班员工并不清楚该压力表已经打翻，也不清楚压力表打翻的原因。初步判断：该压力表管理是否符

图 3-7 1# 事故罐进口处压力表已经打翻

合要求？该处压力控制参数是否符合要求？站内员工站内巡检工作是否符合要求？站内巡检岗岗位职责是否包含巡检工作？站内巡检人员是否符合能力要求？

表 3-13　对 1# 事故罐进口处压力表打翻的逆向审核追溯

审核思路	审核关注点
控制结果	1# 事故罐进口处有一块压力表已经打翻，但当班员工并不清楚该压力表已经打翻，也不清楚压力表打翻的原因
控制措施	1. 查看联合站仪器仪表管理规定，压力表管理是否符合要求。 2. 查看 1# 事故罐运行管线的压力参数控制要求。 3. 查看站内巡检要求。 4. 查看联合站站内巡检岗的岗位职责和能力要求

【第二步】通过现场审核的预判，查验相关控制措施的制订、实施和检查。

（1）查看站内仪器仪表管理规定，要求在用压力表必须在有效校验期内，同时要对最高运行压力进行红线标识。该压力表在有效期内，但未用红线标识最高运行压力。

（2）查看 1# 事故罐进口处压力控制参数为"0～2MPa"，但此处压力表量程为"0～1.6MPa"，显然不符合压力表配置的量程要求。

（3）查看该站内巡检要求为"站内巡检岗每 2h 按照巡检路线，对站内各处设备设施运行状况、关键参数运行状况进行检查，并做好运行状态和参数的录取"。但该站已有 6h 未填写站内巡检记录，最后一次填写 1# 事故罐进口管线处压力为"正常"，并未录入当时的压力表数值。

（4）查看站内巡检岗职责内包含了"每 2h 按照巡检路线，对站内各处设备设施运行状况、关键参数运行状况进行检查，并做好运行状态和参数的录取"，同时要求"站内巡检岗必须取得安全上岗证（A 证），才可单独顶岗"。但该站内巡检岗员工于 1 周前从作业区监控岗轮岗调入该联合站站内巡检岗，目前还未取得安全上岗证（A 证），不符合单独顶岗的要求。

【结论】1# 事故罐进口处压力表打翻且站内人员未及时发现的情况，与站内仪器仪表、事故罐区管线压力参数、站内巡检、员工培训、能力评估等方面管控措施执行落实不到位直接关联。

（四）审核检查表编制方法

1. 审核检查表的基本内容

QHSE 管理体系审核检查表一般应包括以下内容：

（1）受审核部门、审核时间、审核员姓名。

（2）审核依据，一般是填写标准要素、体系文件的名称和编号。

（3）审核要点，主要解决"查什么"的问题；依据标准或文件，列出要审核的内容，要注意逻辑顺序。

（4）审核思路，主要解决"去哪查、找谁查、怎么查"的问题；列出审核步骤和方法，包括抽样数。

"去哪查"：说明去哪个部门、哪个区域检查。

"找谁查"：说明找哪些人来回答问题和证实。

"怎么查"：说明要查哪些文件、资料、记录等证据，包括现场的观察。

以上是编制检查表的四项原则，即"查什么，去哪查，找谁查，怎么查"。

（5）审核记录，供现场审核时记录审核结果。

2. 编制审核检查表需考虑的因素

高质量的检查表对审核员的审核工作非常有益。在设计检查表之前，要认真阅读受审核方的体系文件，了解受审核部门所从事主要活动、关键过程及体系文件对该部门的各项要求，了解该部门可能存在的 QHSE 风险和相关的法律法规要求。需重点考虑以下因素：

（1）部门职责。根据标准的要求和受审核方体系文件的要求，按职责规定的各项内容，逐项检查受审核部门的履职情况。

（2）管理要求。认真阅读体系文件，了解体系文件对该受审核部门的各项管理要求，并根据这些要求检查各有关岗位实施这些要求的情况。

（3）风险管控。按照本部门的主要职能、关键过程及其 QHSE 风险，分别检查各有关岗位的工作情况，并查阅重要的运行记录。

（4）工作落实。了解该受审核部门的 QHSE 目标和指标、管理方案的实现情况，确认是否满足企业对该部门制定的目标、指标实现的相关要求。

在此基础上，审核时要按照所确定的审核重点，着重检查这些岗位的体系运行情况。同时，审核员务必要熟悉受审核方的组织机构和职能分工，有针对性地编写现场审核检查表，以确保审核思路清晰、重点明确。

3. 编制审核检查表的方法

目前，油气和新能源分公司统一的审核检查表主要包含 5 个项目，分别为审核主题、受审核单位、审核方式、审核内容及审核记录，可参见表 3-14。

表 3-14　审核检查表示例

审核主题	受审核单位	审核方式 （文件审核/访谈/资料查验/现场查验）	审核内容 （访谈内容、资料查验的内容、现场关注内容）	审核记录

（1）审核主题：需要根据审核计划中的分工，识别自己要负责的量化审核主题。在此处填写自己需要负责的量化审核主题，建议每份审核检查表只填写一个审核主题。

（2）受审核单位：需要根据审核主题，识别需要审核的场所、单位及部门。可以对一个审核主题建立一张总的审核检查表，也可以按照个人审核工作习惯，每个审核主题下按审核部门建立多个分表。

（3）审核方式：审核方式主要包含文件审核、访谈、资料查验、现场查验等。选用审核方式时，可采取其中一种，如"文件审核"；也可组合应用，如"访谈＋资料查验"等。

（4）审核内容：通过阅读《集团公司QHSE管理体系量化审核标准》，找准审核要点。同时，根据审核计划中的时间日程安排，即审核路线是"生产现场—基层单位—职能部门"还是"职能部门—基层单位—生产现场"，判断审核时自己应采取的审核思路。一般而言，前者应选用逆向追溯审核，后者选用顺向追踪审核。根据审核的思路，对需要审核的要点进行顺序上的整理，使其适应审核思路。

（5）审核记录：审核记录处应留有足够的空白，便于审核员现场审核时进行审核发现的记录。

4. 编制审核检查表时的注意事项

（1）既要考虑受审核部门所涉及标准的有关要素，也要考虑要素之间的逻辑关系，还要考虑法律、法规及其他要求。

（2）应以审核准则为依据，而不能以审核员自己的观点或要求作为审核依据；同时结合受审核部门的特点和实际情况，突出重点，明确思路。

（3）应充分识别审核范围内所涉及的关键过程和特殊过程。

（4）明确每个过程的输入、输出和活动，关注对过程输入、输出情况的分析与对比。

（5）明确每个过程的准则和要求及抽样部位，明确过程之间的相互关系和作用。

（6）明确负责这些过程的部门或人员及其职责和权限。

（7）运用PDCA循环去考虑审核该过程的步骤和具体方法。

（8）在审核同一个过程时，对管理部门和生产服务现场应有不同的内容和重点。

（9）在对过程、活动进行审核时，检查表中"审核内容"应主要围绕四个问题：过程是否予以识别和适当表述？职责是否予以分配？程序是否被实施和保持？在提供所要求的结果方面，过程是否有效？

需要说明的是，一个QHSE管理体系过程的策划、实施、检查和处置活动往往会涉及多个部门。因此，审核员在编制审核检查表时，还应结合受审核单位的文件审核结果，与其他审核员相互配合和沟通，以确保审核内容的协调和完整性。

5. 设计审核检查表时常见的问题

设计审核检查表时，常见的错误或者问题有：

（1）将体系标准的要求原封不动地变成疑问句作为检查表。

（2）只采用"是／否"回答的问题模式。

（3）只列出审核内容，而忽视对审核方式和审核方法的策划。

（4）仅按照体系标准设计检查表，没有结合受审核方的活动、产品或服务的特点。

（5）审核内容没有完全覆盖受审核方的主要业务活动。

（6）审核内容的逻辑性不清晰。

（7）检查表的可操作性不强，受审核部门、体系要素、审核内容等之间的对应与衔接关系不清楚。

审核检查表编写示例

工作情境：审核员宋某接到通知，要参加××采油厂的内部审核。审核组要求各审核员必须按照分工完成审核检查表的编制，并于审核前报送审核组。宋某第一次承担此项工作，请为宋某梳理一下思路，完成审核检查表的编制。

【解析】在编写审核检查表时，可采取以下思路。

【第一步】通过阅读《××采油厂QHSE审核计划》，获知宋某负责变更管理审核主题。因此，要针对"变更管理"审核主题编制相应的审核检查表。

【第二步】通过阅读《集团公司QHSE管理体系量化审核标准》，分析得出：变更管理主题，需要审核人员变更、工艺变更、设备变更及其他变更。则应识别出，需要在生产场站、基层单位、人事主管部门、工艺主管部门、设备主管部门、QHSE主管部门等进行审核。

【第三步】按照不同审核单元（即生产场站、基层单位、职能部门）分别建立审核检查表。

【第四步】设计审核内容。

（1）在《集团公司QHSE管理体系量化审核标准》中，识别出各个审核单元应关注的审核要点；

（2）根据审核计划中的时间日程安排，得知本次审核的时间安排是"生产场站（3月12日）—基层单位（3月13日）—职能部门（3月15日）"，因此确定选用逆向追溯审核的方法进行审核。

（3）按照逆向追溯审核的思路"检查—实施—策划"的顺序，对本次应关注的审核要点进行审核顺序整理。

【第五步】分别编制各个审核单位的检查表。根据该采油厂的组织机构和职责设置，结合本次审核路线和时间的安排，依次编制生产现场、基层单位、人事部、采油工艺研究所、生产运行部、涉及其他变更的职能部门、质量安全环保部的审核检查表。

（1）编制××联合站的审核检查表。

通过研读《集团公司QHSE管理体系量化审核标准》，识别出在联合站应关注的审核要点，包含人员变更、工艺变更、设备变更、其他变更等在生产现场的管控情况。

在联合站的审核中，选取"从控制的有效性查控制结果"的审核方式，首先进行负责人的访谈了解变更管理现状，进而通过查阅有关记录、文件进行初步验证，最后在生产现场对存在变更的项目进行现场观察（可进行抽样审核）。审核检查表可参见表3–15。

表3–15 审核检查表（变更管理—联合站）

审核员：　　　　　　　　　　　　　　　审核日期：

审核主题	受审核单位	审核方式（文件审核/访谈/资料查验/现场查验）	审核内容（访谈内容、资料查验的内容、现场关注内容）	审核记录
变更管理	××采油厂××联合站	访谈：联合站站长	请介绍联合站的主要工作职责、人员构成及分工安排，变更管理的主要要求及管理现状等	
		资料查验+访谈：查看联合站变更管理的有关清单、记录、文件等资料，并根据查阅情况适时访谈站长或相关人员	1. 查看、验证人员变更管理是否符合要求。 2. 查看、验证工艺变更管理是否符合要求。 3. 查看、验证设备变更管理是否符合要求。 4. 查看、验证其他变更管理是否符合要求。 （以上仅为编制思路，请根据量化审核标准的管理要求，整理审核内容）	
		访谈：相关人员	1. 访谈关键岗位变更人员、临时替代人员有关岗位应知应会用的QHSE基本知识、技能、方法、理念等。 2. 访谈工艺运行相关人员（如技术副站长、技术班长、站内巡检人员等）对工艺变更的有关内容和信息的了解情况。 3. 访谈设备运行相关人员（如生产副站长、生产班长、站内巡检人员等）对设备变更的有关内容和信息的了解情况。 4. 访谈有关工作人员，对涉及其他变更项目的有关内容和信息了解情况	
		现场查验：变更管理的有关人员操作、工艺运行、设备运行等	1. 现场观察：关键岗位更换人员、临时替代人员是否能够正确进行操作。 2. 现场观察：工艺变更项目运行状态是否与变更管理的有关文件、记录相符。 3. 现场观察：设备变更项目运行状态是否与变更管理的有关文件、记录相符。 4. 现场观察：其他变更项目运行状态是否与变更管理的有关文件、记录相符	
		……	……	

（2）编制××采油作业区的审核检查表。

通过研读《集团公司QHSE管理体系量化审核标准》，识别出在采油作业区应关注的审核要点，包含人员变更、工艺变更、设备变更、其他变更等在作业区层面的管控情况。

结合在联合站的审核中发现的典型问题，选取"检查—实施—策划"的审核方式，分别对人事主管组室、工艺主管组室、设备主管组室进行审核，采取的审核方式通常为"资料查验＋访谈"。在审核中，要紧扣联合站审核时发现的问题，层层查验、分析这些问题在作业区层面的管理原因，追溯问题根源。审核检查表可参见表 3–16。

表 3–16　审核检查表（变更管理—采油作业区）

审核员：　　　　　　　　　　　　　　　　　　　　　审核日期：

审核主题	受审核单位	审核方式（文件审核/访谈/资料查验/现场查验）	审核内容（访谈内容、资料查验的内容、现场关注内容）	审核记录
变更管理	××采油厂××采油作业区	资料查验＋访谈：人事主管组室	针对现场查验出关键岗位人员变更管理不符合事实进行追溯审核（注：根据量化审核标准的管理要求，整理审核内容）	
		资料查验＋访谈：工艺主管组室	针对现场查验出工艺变更管理不符合事实进行追溯审核（注：根据量化审核标准的管理要求，整理审核内容）	
		资料查验＋访谈：设备主管组室	针对现场查验出设备变更管理不符合事实进行追溯审核（注：根据量化审核标准的管理要求，整理审核内容）	
		资料查验＋访谈：其他变更相关组室	针对现场查验出其他变更管理不符合事实进行追溯审核（注：根据量化审核标准的管理要求，整理审核内容）	
		……	……	

（3）编制人事部的审核检查表。

通过研读《集团公司 QHSE 管理体系量化审核标准》，识别出在人事部应关注的审核要点，主要为人员变更管控情况。

结合在联合站、作业区审核中发现的典型问题，选取"检查—实施—策划"的审核方式，对人事部进行审核，采取的审核方式通常为"资料查验＋访谈"。在审核中，要紧扣联合站、作业区审核时发现的问题，层层查验、分析这些问题在二级单位层面的管理原因，追溯问题根源。审核检查表可参见表 3–17。

表 3–17　审核检查表（变更管理—人事部）

审核员：　　　　　　　　　　　　　　　　　　　　　审核日期：

审核主题	受审核单位	审核方式（文件审核/访谈/资料查验/现场查验）	审核内容（访谈内容、资料查验的内容、现场关注内容）	审核记录
变更管理	××采油厂人事部	资料查验＋访谈：部门负责人或相关岗位人员	针对联合站、采油作业区查验出关键岗位人员变更管理不符合事实进行追溯审核（注：根据量化审核标准的管理要求，整理审核内容）	
		……	……	

（4）编制采油工艺研究所的审核检查表。

通过研读《集团公司 QHSE 管理体系量化审核标准》，识别出在采油工艺研究所应关注的审核要点，主要为工艺变更管控情况。

结合在联合站、作业区审核中发现的典型问题，选取"检查—实施—策划"的审核方式，对采油工艺研究所进行审核，采取的审核方式通常为"资料查验+访谈"。在审核中，要紧扣联合站、作业区审核时发现的问题，层层查验、分析这些问题在二级单位层面的管理原因，追溯问题根源。审核检查表可参见表3-18。

表 3-18 审核检查表（变更管理—采油工艺研究所）

审核员：　　　　　　　　　　　　　　　　审核日期：

审核主题	受审核单位	审核方式（文件审核/访谈/资料查验/现场查验）	审核内容（访谈内容、资料查验的内容、现场关注内容）	审核记录
变更管理	××采油厂采油工艺研究所	资料查验+访谈：部门负责人或相关岗位人员	针对联合站、采油作业区查验出工艺变更管理不符合事实进行追溯审核（注：根据量化审核标准的管理要求，整理审核内容）	
		……	……	

（5）编制生产运行部的审核检查表。

通过研读《集团公司 QHSE 管理体系量化审核标准》，识别出在生产运行部应关注的审核要点，主要为设备变更管控情况。

结合在联合站、作业区审核中发现的典型问题，选取"检查—实施—策划"的审核方式，对生产运行部进行审核，采取的审核方式通常为"资料查验+访谈"。在审核中，要紧扣联合站、作业区审核时发现的问题，层层查验、分析这些问题在二级单位层面的管理原因，追溯问题根源。审核检查表可参见表3-19。

表 3-19 审核检查表（变更管理—生产运行部）

审核员：　　　　　　　　　　　　　　　　审核日期：

审核主题	受审核单位	审核方式（文件审核/访谈/资料查验/现场查验）	审核内容（访谈内容、资料查验的内容、现场关注内容）	审核记录
变更管理	××采油厂生产运行部（或设备主管部门）	资料查验+访谈：部门负责人或相关岗位人员	针对联合站、采油作业区查验出设备变更管理不符合事实进行追溯审核（注：根据量化审核标准的管理要求，整理审核内容）	
		……	……	

（6）编制其他变更相关部门的审核检查表。

通过研读《集团公司 QHSE 管理体系量化审核标准》，识别出在该相关部门应关注的审核要点，主要为其他变更管控情况。

结合在联合站、作业区审核中发现的典型问题，选取"检查—实施—策划"的审核方式，对相关部门进行审核，采取的审核方式通常为"资料查验+访谈"。在审核中，要紧扣联合站、作业区审核时发现的问题，层层查验、分析这些问题在二级单位层面的管理原因，追溯问题根源。审核检查表可参见表3-20。

表3-20　审核检查表（变更管理—相关部门）

审核员：　　　　　　　　　　　　　　　　　　审核日期：

审核主题	受审核单位	审核方式（文件审核/访谈/资料查验/现场查验）	审核内容（访谈内容、资料查验的内容、现场关注内容）	审核记录
变更管理	××采油厂其他变更相关部门	资料查验+访谈：部门负责人或相关岗位人员	针对联合站、采油作业区查验出其他变更管理不符合事实进行追溯审核（注：根据量化审核标准的管理要求，整理审核内容）	
		……	……	

（7）编制质量安全环保部的审核检查表。

通过研读《集团公司QHSE管理体系量化审核标准》，识别出在质量安全环保部应关注的审核要点，主要为变更管理的总体策划、监督检查及业务培训等方面的管控情况。

结合在联合站、作业区、职能部门审核中发现的典型问题，选取"检查—实施—策划"的审核方式，对质量安全环保部进行审核，采取的审核方式通常为"资料查验+访谈"。在审核中，要紧扣联合站、作业区、职能部门审核时发现的问题，层层查验、分析这些问题在二级单位层面的管理原因，追溯问题根源。审核检查表可参见表3-21。

表3-21　审核检查表（变更管理—质量安全环保部）

审核员：　　　　　　　　　　　　　　　　　　审核日期：

审核主题	受审核单位	审核方式（文件审核/访谈/资料查验/现场查验）	审核内容（访谈内容、资料查验的内容、现场关注内容）	审核记录
变更管理	××采油厂质量安全环保部	资料查验+访谈：部门负责人或相关岗位人员	针对联合站、采油作业区、相关职能部门查验出变更管理不符合事实进行追溯审核（注：根据量化审核标准的管理要求，整理审核内容）	
		……	……	

【第六步】对本主题下的所有审核检查表与《集团公司QHSE管理体系量化审核标准》进行核对，确认是否都已涵盖审核要点，防止缺项漏项。

小试牛刀：审核检查表编制练习

【练习1】请依据现行《集团公司QHSE管理体系量化审核标准》，编制审核检查表，要求：（1）审核主题为承包商管理。（2）受审核单位为某采油厂/采气厂承包商主管部门。

【练习2】请依据现行《集团公司QHSE管理体系量化审核标准》，编制审核检查表，要求：（1）审核主题为建设工程质量。（2）受审核单位为某采油厂/采气厂产能建设部门或单位，如产能建设项目组。

【练习3】请依据现行《集团公司QHSE管理体系量化审核标准》，编制审核检查表，要求：（1）审核主题为设备设施。（2）受审核单位为某采油厂基层生产场站，如联合站。

参考思路：练习1的审核检查表编制思路可参见表3-22；练习2的审核检查表编制思路可参见表3-23；练习3的审核检查表编制思路可参见表3-24。

表 3-22　审核检查表示例（承包商管理主题）

审核员：　　　　　　　　　　　　　　　　　审核日期：

审核主题	受审核单位	审核方式（文件审核/访谈/资料查验/现场查验）	审核内容（访谈内容、资料查验的内容、现场关注内容）	审核记录
承包商管理	××采油厂企管法规部	文件审核：企业《承包商管理办法》、该单位《承包商管理办法》/承包商管理程序	制度文件中是否涵盖对企业、集团公司对承包商重点管理要求的规定？是否明确本单位承包商管理职责与全过程流程管理要求	
		访谈：科室主要负责人	请介绍科室的主要工作职责、人员构成及分工安排，企业承包商管理的主要要求，本单位承包商管理现状等	
		访谈：业务主要管理人员	是否清楚承包商管理流程，如何实施承包商准入、能力评价、选择、使用评定的相关要求与做法，是否与文件要求相一致	
		资料查验+访谈：查看本年度该厂"承包商准入名单""合格承包商名单"	根据承包商承担工作风险、队伍及作业规模抽取其中一家承包商，查验承包商准入资质情况、队伍人员资质情况，准入能力评估情况，查验其合同签订情况，是否进行入场前培训，过程监管、承包商业绩评价情况，是否将业绩评价的结果应用（注：以上仅为编制思路，请根据量化审核标准的管理要求，整理审核内容）	
		……	……	

表 3-23 审核检查表示例（建设工程质量主题）

审核员：   审核日期：

审核主题	受审核单位	审核方式（文件审核/访谈/资料查验/现场查验）	审核内容（访谈内容、资料查验的内容、现场关注内容）	审核记录
建设工程质量	××采油厂产能建设项目组	访谈：项目组经理或地面副经理	请介绍产能建设项目组的主要工作职责、人员构成及分工安排，地面工程建设的主要要求及管理现状等	
		查阅：企业《工程建设项目质量管理办法/细则》	是否建立工程建设项目质量管理制度或明确相关要求，部门职责明确、分工清晰，明确了质量主管领导和质量主管部门（或质量管理人员）	
		访谈：业务主要管理人员	是否清楚本人职责和管理要求	
		资料查验+访谈：查看年度地面工程建设项目清单或台账，以及相关资料	根据提供的年度地面工程建设项目清单或台账，根据不同建设类型（如土建工程、管道安装工程、机电安装工程）抽取1~3个项目，查验以下管理阶段质量控制有效性： 1. 依法合规进行项目立项情况、项目（预）可行性研究报告合规情况、项目初步设计文件合规情况。 2. 项目勘察质量控制情况，关注项目勘察技术服务合同或协议合规情况。 3. 项目设计质量控制情况，关注设计服务合同合规情况，以及施工图审查的纪要记录情况。 4. 项目施工阶段质量控制情况。 5. 建设工程质量监督情况，关注对工程质量监督机构提出的有关质量行为和工程实体质量问题整改情况，年度工程建设项目质量情况综合分析报告等（注：以上仅为编制思路，请根据量化审核标准的管理要求，整理审核内容）	
		……	……	

表 3-24 审核检查表示例（设备设施主题）

审核员：   审核日期：

审核主题	受审核单位	审核方式（文件审核/访谈/资料查验/现场查验）	审核内容（访谈内容、资料查验的内容、现场关注内容）	审核记录
设备设施	××联合站	访谈：联合站站长	请介绍本班组的主要工作职责、人员构成及分工安排，联合站设备设施管理的主要要求及管理现状等	
		查阅：作业区或联合站《设备设施管理细则》	是否建立设备设施管理制度或明确相关要求	
		访谈：站内维护岗	是否清楚本人设备设施管理职责和要求，是否掌握设备"四懂三会"内容	
		资料查验+访谈：查看设备档案、管理维护台账等记录及其他有关资料	根据站内在册、在用的设备情况，查验： 1. 基础管理情况。 2. 特种设备管理情况。 3. 监视和测量装置（资源）管理情况（注：以上仅为编制思路，请根据量化审核标准的管理要求，整理审核内容）	
		现场观察	现场观察各类设备设施完整性的情况，观察现场员工正确操作设备设施的情况	
		……	……	

> **相关链接**

使用审核检查表时应注意的事项

审核检查表一般由两部分组成，一部分为检查内容，主要包括"查什么"和"怎么查"的问题；另一部分为审核记录。管理体系标准的条款号、检查内容和审核记录应相互对应。在使用检查表时，应注意灵活运用。有效地使用检查表是一个经验积累和熟练的过程。同时应注意以下问题：

（1）检查表是一种辅助审核工作的工具，不能把它作为审核员的唯一支持工具，完全拘泥于检查表，审核时过于机械，生搬硬套检查内容。

（2）检查表不能成为审核策划的替代品。

（3）在现场审核过程中，如发现未列入检查表的情况或线索，可对检查表进行适当的修改和调整，不要过于局限于检查表，但也不要完全抛开检查表进行"随心所欲"的审核。

（4）确保检查表涉及的内容都已查到，没有遗漏。

（5）灵活运用检查表，避免把检查表所列的问题一个个按照顺序进行，而应综合运用查阅文件和记录、访谈及现场观察等方法审核检查表中的审核项目和要点。

（6）尽可能不要按照事先准备好的检查表去宣读一个个问题，实际上业务熟练的审核员是将检查表记在脑子里的。

（五）审核抽样

审核是一个抽样调查的过程。审核抽样样本的合理性对审核结果的有效性有重要影响。在针对审核项目编制检查表时，应合理设计抽样审核方案。

1. 审核抽样的简介

1）抽样的基本概念

"抽样"是指，从想要研究的总体中按一定方法抽取出一部分样本单位的过程，目的是从对被抽取样本单位的分析、研究结果来估计和推断总体样本的特性。其基本要求是要保证所抽取的个体样本单位对总体样本具有充分的代表性。审核评估时，客观证据表现形式的多样性决定了样本形式的多样性，抽样的对象不仅仅是企业生产单元、产品、活动和服务，还包括文件、记录、资料，也可以是人员、设备、场所等。

审核评估抽样是审核评估策划、准备、实施过程中最常运用的基本方法，也是运用其他所有审核评估方法的基础，其他审核评估方法和技巧的成功运用都是以科学合理的抽样为前提，抽样的代表性是审核评估成功实施的最基本保证。抽样的代表性、合理性对审核评估的正确性、充分性和有效性起着决定性作用，直接影响对管理体系评价及审核评估结论的客观真实性、准确性。

2）抽样的基本原则

抽样的合理性主要是指抽样方法和数量符合抽样的基本原则或已确定的抽样方案的程度，按抽样原则抽样，就是"合理"的、有代表性的。那么 QHSE 管理体系审核评估抽样有哪些基本原则呢？

（1）总量明确：针对审核评估的对象，首先应明确样本总量。

（2）性质相同：不同性质的场所、活动、职能、过程、记录、人员、设备、作业等不能进行抽样。

（3）样本有效：抽样应符合审核评估目的要求，所抽样本应是审核评估范围内的有效样本。

（4）方法适用：针对具体对象，以确保样本有代表性为目的，审核员可以采用随机抽样的方法选择样本，也可以运用专业判断，采用非随机抽样的方法选取样本。

（5）数量适当：要独立抽样，样本数量符合抽样原理、均衡并有代表性。

（6）过程简捷：抽样过程必须简单，以确保审核评估顺利进行，避免不必要的节外生枝。

（7）风险可接受：审核员在策划抽样时，应当保持应有的职业谨慎，应考虑抽样风险是否降低到可接受的水平。审核员可接受的抽样风险越低，需要的样本量就越大。

3）审核抽样的步骤

典型的审核抽样包括以下步骤：（1）明确抽样的目标。（2）选择抽样总体的范围和组成。（3）选择抽样方法。（4）确定样本量。（5）进行抽样活动。（6）收集、评价和报告结果并形成文件。

2. 抽样调查的基本方法

在审核策划与现场审核时常用到的抽样调查基本方法一般可分为：简单随机抽样、系统抽样、分层抽样、整群抽样、分阶段抽样。

1）简单随机抽样

简单随机抽样也称纯随机抽样，是指从总体中不加任何分组、划类、排队等，完全随机地抽取调查样本单位。特点是：每个样本单位被抽中的概率相等，样本的每个单位完全独立，彼此间无一定的关联性和排斥性。简单随机抽样是其他各种抽样形式的基础。通常只是在总体单位之间差异程度较小和数目较少时才采用这种方法。

【示例】审核某联合站员工培训情况，要从 30 名员工中抽取 5 人的培训档案，可采用简单随机抽样的方法，随机直接抽取 5 人培训档案查看。

2）系统抽样

系统抽样也称机械抽样或等距抽样，是指将总体各单位按一定标志或次序排列成图形或一览表式（通常所说的排队），然后按相等的距离或间隔抽取样本单位。特点是：抽出的单位在总体中是均匀分布的，且抽取的样本可少于简单随机抽样。系统抽样是实际工作中应用不多的方法，但在总体样本数量很大时，一般会采用这种方式。

【示例】审核某采油作业区100个安全阀的校验情况，编号0~100。请设计抽样方案。

【第一步】确定抽取样本量。抽取样本量为安全阀数量的二次方根乘以系数1.5后向上取整数，因此抽取15个安全阀校验报告。

【第二步】确定等距离抽取样本的单位。由于安全阀总数为100个，需要分为15个组，因此，每7个抽取一个安全阀校验报告进行审核。

【第三步】确定抽取样本的第一个编号。在1~7中任取一数，比如1号。

【第四步】确定总体抽样的编号。用抽取样本的第一个编号，加上等距离抽取样本的单位，确定总体抽样的编号，即：$x=1+7×(n-1)$（其中，n为第几组数据）。

第一组（编号1~7），抽取编号为：1号。

第二组（编号8~14），抽取编号为：$x=1+7×(2-1)=8$号。

第三组（编号15~21），抽取编号为：$x=1+7×(3-1)=15$号。

……。

【结论】15台抽取的编号为1号，8号，15号，22号，29号，36号，43号，50号，57号，64号，71号，78号，85号，92号，99号。

3）分层抽样

分层抽样也称类型抽样，是指将总体单位按其属性特征分成若干类型或层，然后在类型或层中随机抽取样本单位。特点是：由于通过划类分层，增大了各类型中单位间的共同性，容易抽出具有代表性的调查样本。该方法在审核时应用最多，适用于总体情况复杂，各单位之间差异较大，单位较多的情况。

【示例】某采气单位有50个承包商，其中建筑施工承包商20个，检维修承包商15个，咨询服务承包商5个，技术指导承包商6个，其他承包商4个。为了了解这些承包商的服务质量情况，要从中抽取一个容量为10的样本，由于承包商性质与这项指标密切相关，决定采用分层抽样方法进行抽取，下面为抽样过程。

【第一步】计算出抽样比例：10/50 = 0.2。

【第二步】分别计算各类型承包商的抽样数量。

（1）建筑施工承包商：抽取个数为建筑承包商个数乘以抽样比例，即$20×0.2=4$（个）。

（2）检维修承包商：抽取个数为检维修承包商个数乘以抽样比例，即$15×0.2=3$（个）。

（3）咨询服务承包商：抽取个数为咨询服务承包商个数乘以抽样比例，即$5×0.2=1$（个）。

（4）技术指导承包商：抽取个数为技术指导承包商个数乘以抽样比例，即$6×0.2=1.2$（个），抽1个。

（5）其他承包商：抽取个数为其他承包商个数乘以抽样比例，即：4×0.2＝0.8（个），抽1个。

4）整群抽样

整群抽样是指从总体中成群成组地抽取调查单位，而不是一个一个地抽取调查样本。特点是：调查单位比较集中，调查工作的组织和进行比较方便。但调查单位在总体中的分布不均匀，准确性要差些。因此，在群间差异性不大或者不适宜单个抽选调查样本的情况下，可采用这种方式。

【示例】要调查一个天然气净化厂的特种设备检测情况，先从净化厂中随机抽取三个生产车间，再从每个生产车间中各抽取锅炉、压力容器、压力管道、起重机械等若干个样本进行分析（因为每个生产车间的整体情况差不多，而各个生产车间由于特种设备种类不同会差别很大）。

5）多阶段抽样

多阶段抽样是指将抽样过程分阶段进行，每个阶段使用的抽样方法往往不同，即将各种抽样方法结合使用。其实施过程为：先从总体中抽取范围较大的单元，称为一级抽样单元，再从每个抽得的一级单元中抽取范围更小的二级单元，依此类推，最后抽取其中范围更小的单元作为调查单位。当面对的总体样本单元数量很庞大，而且分布范围很广时，如果使用前面所学习的单阶抽样方法，不仅工作量大，而且在精度上很难把握，此时如果改用多阶段抽样方法，就会避免上述困难，从而达到理想的抽样效果。

【示例】要审核某油气田企业所有二级单位46个，要对该油气田企业的承包商资质能力情况进行调查，可参考如下抽样思路。

【第一阶段】先按油田公司二级单位的作业性质进行分层抽样，如油气田企业二级单位包括：采油生产单位14个、采气生产单位10个、油品集输单位3个、生产保障单位11个、后勤服务单位8个等。应用分层抽样的方法，确定各类型的单位抽样数量。

① 确定抽取样本量。抽取样本量为油气田二级单位数量的二次方根乘以系数1.5后向上取整数，因此抽取11个单位进行调查。

② 计算出抽样比例：11/46=0.24（保留两位小数）。

③ 分别计算各类型单位的抽取数量。

采油生产单位：14×0.24=3.36，抽取3个采油生产单位。

采气生产单位：10×0.24=2.4，抽取2个采气生产单位。

油品集输单位：3×0.24=0.72，抽取1个油品集输单位。

生产保障单位：11×0.24=2.64，抽取3个生产保障单位。

后勤服务单位：8×0.24=1.92，抽取2个后勤服务单位。

【第二阶段】再从已抽取的下属单位中抽取若干个承包商单位进行资质能力分析。对各个下属单位的承包商类型进行调查，可采取分层抽样的方法，确定各类型承包商的样本抽取数量。

3. 审核抽样的代表性

在有限的审核时间内，审核员可能没有充足的时间对审核范围内的所有作业活动或场所逐一进行调查取证，只能通过抽取样本来证实被审核对象是否符合要求。这就要求抽取的样本要有代表性，才能使样本信息最大限度地反映总体情况。

1）做到分层抽样

抽样时，将总体分成互不交叉的层，然后按一定的比例，从各层次独立地抽取一定数量的个体，将各层次取出的个体合在一起作为样本，这种抽样方法是分层抽样。如企业层面抽样应覆盖主要职能部门，二级单位应选择主要生产经营和风险较大的单位，基层现场应关注风险较大的活动和场所；人员要从决策层、管理层和执行层人员中分别抽样；与承包方签订 QHSE 合同的抽样，要从关键作业活动、重要作业活动和一般作业活动的 QHSE 合同中分别抽样等。

2）做到随机抽样

随机抽取样本时，样本选择的结果应当是在不排除抽样的随机因素的情况下，使不同范围的现场都处于选择的范围内。应由审核员亲自策划并选取样本，而不能由受审核部门的人员随意选送样本。不必由审核员自己动手去取样，可以由审核员点样，受审核部门的人员根据审核员的点样去取样。

3）样本量的确定（二次方根取值法）

要根据受审核对象样本总量的多少来确定抽样量的多少，但样本数与总体数量之间并非简单的等比例关系，通常采用二次方根取值法，即样本总量二次方根向上取整数就是抽样量。对于 QHSE 管理体系审核来说，现场样本量的选取还与作业场所的风险性有关。低等风险至中等风险作业的多现场企业或单位，抽取样本量应当为现场数量的二次方根向上取整数；高风险作业的多现场企业或单位，抽取样本量应当为现场数量的二次方根乘以系数 1.5 后向上取整数。

4）抽样应相对集中在具有最新动态的样本上

审核过程中的抽样范围通常包括上次审核至本次审核期间开展的工作，而企业管理体系的运行是动态的，体系的执行者本身也在实现持续改进，早期存在的问题可能在后期已经实现了改进，这时审核员再提出要企业对早期问题实施改进的要求已没有任何意义。所以，在审核时抽样应相对集中在具有最新动态的样本上，这将更能反映出审核时企业的管理体系运作水平。

5）做到合理策划、适度均衡

首先要考虑审核区域的"面"，再考虑"面"中的关键点及足够的样本数量，从而使样本既保证覆盖审核范围，又突出关注的重要方面。对于审核来说，与 QHSE 体系关系密切的，具有重要危害因素的场所，容易产生健康、安全与环境事故的岗位的相关样本要多抽取一些。

现场审核中不可能做到每个现场均实施全要素的审核,而要选择与现场作业活动相关的重要要素,关键是确保通过对抽取样本的检测、检查、分析能够对企业总体的QHSE管理体系的符合性做出正确的判断。因此,为了保证QHSE管理体系审核的系统性和完整性,审核员必须注意合理策划样本,做到抽样量的适度均衡。

4. 现场抽样的条件

在审核评估过程中,由于样本总量较大,现场较多,而又受到时间、现场、地域等诸多条件的限制时,需通过对部门、现场、人员抽样的方法来证实相应的受审核对象是否符合要求。

(1)允许实施抽样审核的情况:各现场所提供的产品或服务必须是在本质上属同一类,并基本按照相同的方法和程序进行生产;企业的管理体系应在集中控制的计划下予以集中管理。

【示例】在某采油作业区,正在进行4个小修作业,由于其在本质上属于同一类别,因此可对4个小修作业进行抽样审核。

(2)确定现场抽样的样本时应考虑下列因素:
① 以往QHSE管理体系的审核评估结果和报告。
② 以往管理评审的结果。
③ 现有QHSE管理体系的成熟性。
④ 审核员对企业的了解程度。
⑤ 作业现场的规模差别及其复杂性。
⑥ QHSE管理体系的复杂性。
⑦ 不同的法律法规要求。
⑧ 从事的作业、活动或服务的差别。
⑨ 企业人员在各个现场的分布情况。
⑩ 危害因素的重要性及相关影响的程度。
⑪ 相关方的意见。

根据以上因素,应把握该审核单位的高风险部位、环节等进行审核。

【示例】在某采油作业区进行审核时,该作业区共有增压站、转油站、联合站等采油集输站点10个,在现场审核抽样时,应考虑这些生产站点的风险大小:
① 通过作业区生产日报发现,A增压站正在进行危险作业,A增压站的风险显著高于其他生产场站,应该优先考虑抽样。
② 通过研读以往QHSE管理体系评审结果,发现B增压站存在多个严重不符合,则B增压站的风险也可能高于其他生产场站,可考虑优先抽样。
③ 通过前期的文件审核发现,该站的联合站包含原油脱水系统、集输系统、采出水处理系统、回注系统、伴生气回收系统及轻烃处理系统;同时,该联合站还建有脱硫系

统及硫黄生产系统。该联合站的生产工艺较其他增压站、转油站工艺运行更为复杂，须优先抽样。

④ 通过查阅作业区近期简报，发现 C 增压站近期发生过一起安全环保事故，因此，应该优先考虑抽样。

⑤ 通过查阅作业区报表、资料等，发现 D 增压站建站年限久远，已运行了 22 年，部分生产设备、工艺系统存在老化，存在比较大的风险，因此，可考虑优先抽样。

（3）不允许实施抽样审核的情况包括以下几点。

① 当某现场所提供的产品或服务与其他现场不是同一类时，则该现场不计入现场数量总数，应另行抽样。

【示例】在某采油作业区，正在进行 4 个小修作业，1 个压裂措施作业，1 个酸化措施作业，则可以对 4 个小修作业进行抽样审核；由于压裂措施作业、酸化措施作业与小修作业不属于同一类型作业，因此，不能进行抽样审核。

② 当体系中的某项活动由某现场统一管理时，则该现场不计入现场数量总数，必须审核。

【示例】某采油厂共有 A、B、C、D、E 五个采油作业区。在新能源转型中新建成 1 个 CCUS 先导示范区，并由某厂 A 采油作业区进行统一管理。在进行抽样审核时，A 采油作业区不能计入作业区总数进行抽样，应对 B、C、D、E 四个采油作业区进行抽样审核，并对 A 采油作业区进行审核。

③ 对专业特点差别大的工程项目，应全部审核。

【示例】某采油作业区正在进行地面工程建设，其中有房建工程 1 项，管道安装工程 1 项，机电安装工程 1 项。尽管这 3 项工程都属于地面建设工程，但由于其专业特点有所差别，因此不能对这 3 项工程抽样审核，必须全部审核。

④ 当采用现场抽样时，如不能对管理体系的有效性获得足够的信任，则不应抽样。

【示例】在某采油作业区审核时，已发现多个系统性问题、体系性问题，认为管理体系运行有效性不足，则不能进行现场抽样审核。

（4）执行现场审核需注意的事项：

① 审核评估组组长要控制全过程。

② 由审核员随机抽样，样本要具有代表性，并要相信样本。

③ 要依靠检查表，若要偏离检查表，必须谨慎。

④ 要从问题的各种表现形式去寻找客观证据。

⑤ 当发现不符合时，要调查研究到必要的深度。

⑥ 与受审核方负责人共同确认事实。

⑦ 始终保持客观、公正、有礼貌。

5. 审核抽样中存在的主要问题

1）只注重样本的"量"，忽视"质"的要求

有些审核员片面认为，抽样计划就是在检查表中规定一个样本量，即在检查表中规定查几份文件或几个现场，不考虑现场的实际情况及是否需要进行调整，而忽略了对抽样时机、抽样方式和方法等的策划。

2）在缺乏系统性的前提下进行抽样

个别审核员看到什么查什么，见到谁问谁，收集到的样本信息难以保证审核的全面性、系统性和客观性，也就不能有效地评价总体。这里的评价总体，不仅指一个体系的总体，也包括一个体系要素、一个过程、一个部门的总体。

3）没有做到独立抽样

抽样是一个过程，包括抽样方案的设计、抽样条件的确定、抽样信息的验证，以及样本信息对评价总体的推断。一些审核员在抽样时，习惯于让受审核方"送样"而不去现场"采样"，这样的样本可能被事先刻意挑选过，失去了随机性也就失去了代表性。

4）不验证受审核方提供信息的可信性

受审核方提供的信息通常也是样本信息。如果受审核方选用的抽样计划不科学或计划使用不当，样本信息不可靠，即使审核抽样合理，也不能说明问题。

第三节　审核实施中的基本方法

一、现场审核的基本方法

现场审核是使用适当的抽样方法，收集并验证与审核目标、范围和准则有关的信息，包括与职能、活动和过程间接口有关的信息，从而获得审核证据的过程。现场审核的关键是收集信息，进而对照审核准则评价得出是否符合。作为客观信息的收集者，审核员在现场审核中运用的主要方法就是查阅文件和记录、访谈及现场观察，即审核员需要掌握查阅、访谈和观察的基本方法。运用访谈的方法，可以获取事实陈述，通过查阅和观察的方法，可以证实获取事实的可信性，还可以获取其他信息。各种审核方法可以综合运用，保证审核过程的全面性及审核结果的可靠性。

（一）查阅

查阅文件和记录是现场审核中必须采用的方法，通过文件和记录可以了解体系的要求，可以追溯体系的发展及运行状况。由于企业的同一类记录往往很多，不可能一一核查，审核员要善于从中选取代表性的样本进行审核。

查阅的范围是指，围绕审核目的、审核范围和审核准则来确定需要查阅的文件、记

录；同时，也可调查受审核方在其职能范围内应该和能够提供的文件、记录。查阅文件要关注其符合性、有效性、可操作性及有关管理。查阅记录要关注其客观性、完整性、可追溯性及有关管理。

1. 查阅文件和记录的思路

QHSE 管理体系是基于 PDCA 模式总体运行的，文件、记录的查阅也可采用 PDCA 的方法进行。可参见图 3-8。

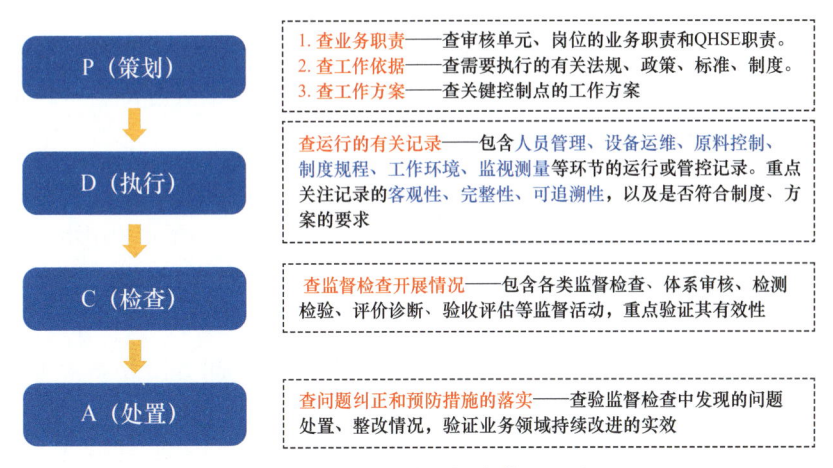

```
P（策划）  → 1. 查业务职责——查审核单元、岗位的业务职责和QHSE职责。
            2. 查工作依据——查需要执行的有关法规、政策、标准、制度。
            3. 查工作方案——查关键控制点的工作方案

D（执行）  → 查运行的有关记录——包含人员管理、设备运维、原料控制、
            制度规程、工作环境、监视测量等环节的运行或管控记录。重点
            关注记录的客观性、完整性、可追溯性，以及是否符合制度、方
            案的要求

C（检查）  → 查监督检查开展情况——包含各类监督检查、体系审核、检测
            检验、评价诊断、验收评估等监督活动，重点验证其有效性

A（处置）  → 查问题纠正和预防措施的落实——查验监督检查中发现的问题
            处置、整改情况，验证业务领域持续改进的实效
```

图 3-8　PDCA 法查阅文件和记录

由图 3-8 可以看出，在查阅文件和记录时，可考虑顺向审核的方式，从策划（P）、执行（D）、检查（C）、处置（A）四个方面逐层抽样验证。在策划环节要根据审核单元（如科室、单位、站队等）、岗位的职责，依据工作中要求执行和落实的有关法规政策、制度标准等，查验关键控制点（或科目、项目，或重点工作）的方案制订情况，确保重点工作方案可靠、有效。在执行环节要根据制度、方案的要求，验证运行记录是否有效，不仅要关注生产系统、作业活动、设备运行的运行记录，也要关注人员的培训与能力评估，原料的验收、保管与使用，制度规程的有效执行，工作环境的可靠控制，以及各类监视测量的有效性等有关记录。在检查环节，要通过提供的文件和记录，查验监督检查的有效性，是否存在流于形式的情况。在处置环节，要重点查验监督检查过程中发现的问题是否得到有效整改。

2. 查阅的注意事项

（1）对提供的文件、记录识别真实性与可信度，不真实的记录不能作为客观证据，如明显涂改、明显编造和事后补做的记录。

（2）边查阅边记录，避免前读后忘、重复查阅、浪费时间。

（3）边查阅边提问，通过提问澄清事实。

（4）沿着问题线索进行连续性查阅直至核实清楚为止。

（二）访谈

1. 访谈的要点

访谈时，要解释访谈的目的，用开放式提问来获取询问主题的基本情况，对回答用探索式提问作出进一步的反应，寻找事实的客观证据，用标准及程序检查审核的结果，用封闭式提问确认事实，最终记录审核发现。

2. 提问的技巧

为了收集证据，必须运用各种提问技巧，提问技巧往往影响着审核的效果。一般来说，提问的基本方法有3种：开放式提问、封闭式提问和澄清式提问，审核员可根据审核实际需要，灵活运用。

提问时应尽量提开放式的问题，即避免对方只用"是"或"不是"来回答的封闭性问题。提问可以遵循"5W1H"的原则，采用易于理解的语言，充分利用审核准备过程中制订的各种检查表，与对方进行公开式的讨论，启发对方的思考和兴趣。

1）开放式提问

开放式提问是指需要通过说明、解释来展示答案的提问方法。通常可采用5W1H（Why，What，Who，Where，When，How）之类提问方式，可引导出比"是"或"否"更多的回答内容，因而需要更多的回答时间。因此，采用这种提问时需要控制时间，否则会影响审核计划的完成。开放式提问应根据不同类型问题进行提问，归纳起来有如下7种类型问题：

（1）带主题的问题：提出问题之前有明确的主题。

（2）扩展性问题：扩展性问题能拓宽谈话而造成一种全身心投入的氛围，表明审核员对受审核方谈到的问题很感兴趣，从而使受审核方受到鼓舞，就会把说明继续下去。例如"你为什么觉得有必要……""由此你采取了哪些措施？"

（3）讨论性问题：讨论性问题有助于使受审核方摆脱公式化的答案，说出个人的思路、见解和感觉。例如，"你认为对这种污染物最有效的治理方法是什么？""你将怎样着手（这项工作）？"

（4）调查性问题：审核员应少说多听，没有必要说出自己的观点和认识，这时可采用调查性问题，例如"这项工作，你觉得应当做到什么程度？""你对这方面有什么想法？"这类问题会使受审核方减少思想负担，使谈话气氛轻松自然。

（5）重复性问题：重复性问题可以得到明确的答案。比如当受审核方说"我不认为需要一本作业指导书。"审核员问："你不认为需要一本文件化的作业指导书？"受审核方就不得不回答问题。

（6）假设性问题：当要了解体系运行过程中出现应急事件如何处理时，可提出假设性问题，例如"假如出现火灾怎么办？""如果污水站运行时出现停电怎么办？"

（7）验证性问题：受审核方口头上介绍了QHSE管理运行的良好状况，审核员可要求其拿出证据，即"显示给我看"或"请拿出证据"。

2）封闭式提问

用简单的"是"或"否"就可以回答的问题，信息量较小。

3）澄清式提问

可以用于获取专门的信息，并节约时间将开放式和封闭式提问结合起来，带有主观导向的含义，用于获得一个快速回答或审核员希望支持正确答案时使用的提问方法。例如"于是你就直接采取纠正措施，并在两周内返回纠正措施实施情况报告……"。但这种提问应慎重。

3. 访谈的基本方法

访谈时，针对不同的访谈对象，根据访谈对象不同的工作职责、内容、分工及所面临的工作任务、风险，提问的关注点可能有所不同，但总体的访谈思路依然是按照PDCA的模式所展开的。可参见图3-9。

	质量关注点	HSE关注点
P（策划）	1. 岗位的**质量职责**。 2. 业务系统或岗位的**质量风险和机遇**。 3. 业务系统或岗位的**质量目标**	1. 岗位的**HSE职责**。 2. 业务系统或岗位的**HSE风险**，即危害因素辨识。 3. 业务系统或岗位的**HSE目标**
D（执行）	业务系统或岗位的**质量关键控制点**管控措施及取得效果	业务系统或岗位的**常规作业**或**非常规作业**管控措施及取得效果
C（检查）	业务系统或岗位**质量监督检查**的做法和取得效果	业务系统或岗位**HSE监督检查**的做法和取得效果
A（处置）	1. 监督检查问题整改情况。 2. QHSE管理改进建议	1. 监督检查问题整改情况。 2. **应急管理**基本情况。 3. QHSE管理改进建议

图 3-9 访谈的基本思路

在策划环节，访谈时要关注岗位人员的质量和HSE的职责，以及面临的质量和HSE风险（说明：HSE风险实质上就是岗位或直线管理上的危害因素辨识），同时还要关注质量和HSE目标。在HSE风险识别中，还应关注集团公司有关的HSE风险管控原则、禁令及较大风险的定级分类等。

在执行环节，访谈时质量和HSE的关注点有所不同：

（1）质量方面，重点关注质量关键控制点的管控措施及取得效果。不同的访谈对象，由于其业务领域、分工、职责、任务的不同，所管控的质量关键点也有所不同。比如，工程管理部门和井下作业部门所面临的业务领域差别很大，分别主管地面工程和井下作业，两者的质量关键控制点就不同。又如，在井下作业系统，井下作业部门的负责人和业务人员、地质研究所的井下作业地质设计人员、采油工艺研究所的井下作业工程设计人员、井下作业监督部门的监督人员及作业区的修井监督人员,他们都属于井下作业专业领域,但由于分工职责不同,所管控的质量关键点均有所不同。在进行质量关键控制点的访谈时,一定要依据岗位人员的职责、分工和工作依据(如制度等),找准质量关键控制点进行访谈,不要张冠李戴,引起访谈的失误。

(2) HSE方面,重点关注常规作业和非常规作业的管控措施及取得效果。不同的访谈对象,由于其业务领域、工作场所、设备工艺有所不同,所面临的常规作业和非常规作业有所不同。比如,采油集输和装置检维修作业活动,所面临的常规作业和非常规作业就有所不同。又如,采油集输作业活动中,联合站和采油井场的常规作业和非常规作业也有所不同。在进行常规作业和非常规作业的访谈时,一定要根据岗位人员的日常操作规程及工作场所或单位已识别出的非常规作业活动进行访谈。

在检查环节,访谈时要重点关注业务系统或岗位的质量、HSE监督检查的做法和取得实效。一方面,要关注岗位的监督检查;另一方面,也要关注有关的外包过程、承包商作业的监督检查。

在处置环节,访谈时要重点关注QHSE管理问题和现场问题的处置及改进建议。同时,在HSE方面,还应关注有关的应急管理情况。

初级审核员在审核实施过程中,可能会对某部门负责人、一般管理人员或岗位员工进行访谈。访谈时,可按照图3-9采用必要的提问技巧进行访谈。访谈可参考Q/SY 08002.3—2021《健康、安全与环境管理体系 第3部分:审核指南》要求的基本访谈提纲,结合访谈对象的岗位、职责、分工、面临的风险及质量关键控制点进行访谈。访谈提纲参见以下示例。

【部门负责人访谈提纲】

(1)您部门、岗位的QHSE职责主要有哪些?是如何有效落实的?

(2)您如何理解有感领导、直线责任和属地管理?是如何落实的?

(3)您如何理解和贯彻落实HSE管理九项原则和反违章六条禁令?请举例说明。

(4)您部门年度的QHSE目标指标有哪些?如何保证目标指标实现?

(5)您部门业务涉及哪些高风险作业和非常规作业?如何管控?

(6)您认为集团公司安全八大风险和六大环保风险及新增"六项"较大风险哪些与本部门业务有关?您部门业务范围内目前有哪些重大安全环保风险和隐患?采取了哪些管控措施?

(7)您部门存在哪些质量关键控制点?如何进行管控?取得什么实效?

(8)您部门业务范围内在强化承包商QHSE监管方面都做了哪些工作?目前还存在哪些问题?如何进一步改进的?

(9)您是否知晓近期集团公司或行业通报的典型QHSE事故事件?是如何举一反三的?

（10）您部门业务范围内有哪些应急预案？部门的应急管理职责是什么？是否定期开展了应急演练工作？

（11）您是否参加了内部审核？您部门是否组织开展了专项审核？

（12）您部门业务在 QHSE 管理方面存在哪些问题？采取了哪些措施？您对本单位 QHSE 管理有哪些改进建议？

【一般管理人员访谈提纲】

（1）您岗位 QHSE 职责主要有哪些？是如何有效落实的？

（2）您是如何理解并有效落实直线责任的？

（3）您是如何理解和贯彻落实 HSE 管理九项原则和反违章六条禁令？请举例说明。

（4）您岗位业务涉及哪些安全环保风险？您是如何管控的？

（5）您在工作中涉及哪些高风险作业和非常规作业活动？您承担什么职责？

（6）您岗位存在哪些质量关键控制点？如何进行管控？取得什么成效？

（7）您是否参加了内部审核活动？您单位内部审核存在哪些问题？

（8）您对本单位 QHSE 管理有哪些改进建议？

【岗位员工访谈提纲】

（1）您岗位 QHSE 职责有哪些？您是如何落实的？

（2）您岗位存在哪些安全环保风险和隐患？您是如何防控的？

（3）您工作中涉及哪些高风险作业和非常规作业活动？您承担什么职责？

（4）您岗位存在哪些质量关键控制点？如何进行管控？取得什么实效？

（5）您如何开展监督检查工作？取得什么实效？

（6）您岗位有哪些应急处置措施？请举例说明是如何处置的？

（7）您对本单位 QHSE 管理有哪些改进建议？

访谈示例

【对一般管理人员进行访谈】

某审核员在现场审核时，对生产保障部物资采购岗冯某（以下简称冯工）进行访谈，访谈内容如下。

审核员：冯工您好！根据咱们厂这次 QHSE 审核计划安排，现在需要对您进行访谈，请问您现在有空吗？

冯工：您好！我现在有空，咱们可以进行访谈。

审核员：冯工，您可以介绍一下您的 QHSE 岗位职责吗？

冯工：按照"一岗双责"的要求，我先介绍一下我的工作职责吧。主要包括：（1）按照生产建设进度，及时均衡地组织物资供应，搞好供需衔接。（2）按照程序做好厂物资的调剂使用工作，落实解决生产急用料，确保生产需要。（3）及时受理基层对物资质量的投诉，处理结果按规定向用户反馈。（4）负责建立健全业务范围内物资明细台账、记录报表，归类整理各类物资计划，归档存放。（5）负责定期去各个料库现场进行监督检查，确认基层料库站点物资验收、入库、保管、发料、出库等关键环节的可靠性。同时，也要监督检查物料运输、装卸、搬运过程中的QHSE风险管控情况。在工作职责的基础上，我的QHSE职责是：（1）针对我业务工作职责范畴内的各项作业活动，要识别清楚可能面临的QHSE风险及必须执行落实的法规政策，并定期进行有效性、符合性、合规性评价。（2）负责业务范畴内的QHSE管理工作，定期开展隐患排查、监督检查和员工培训工作。（3）负责制订、修订物资采供的安全生产规章制度、技术规程，并监督检查基层单位员工执行情况。（4）负责审查供应商的安全生产资质，保证供应的原材料、设备、备品、配件等的质量符合国家标准，负责采购物资中危险化学品（含易制毒、剧毒、易制爆）的装卸、运输、储存环节的QHSE管理。（5）负责从具有危险化学品经营许可证的单位采购合格产品，及时向供应商索取"一书一签"，也就是化学品安全说明书和化学品安全标签。

审核员： 好的，冯工，您对您的QHSE职责非常熟悉，和您部门提供的QHSE岗位责任清单的描述是一致的。请您介绍一下，今年是如何落实这些QHSE职责的？

冯工： 好的。今年年初，我们已经组织基层料库站点开展了"全员写风险"的QHSE风险识别活动，共识别出20项QHSE风险。已经组织了2次基层料库站点隐患专项排查，我们部门也对2次隐患排查工作进行了监督检查，确认了排查出的隐患，并已制订了隐患治理的方案。这是A料库遮阳棚损坏修缮的方案及B料库库房多处墙体、地面裂缝的修缮方案，已经向厂里申请立项了。其他4项隐患正在进行隐患治理方案编制。上个月，我们已经组织了基层库房业务人员培训工作，在培训内容中已对库房危害因素辨识的方法等QHSE基本知识进行了培训，这是课件和培训记录。在厂季度"三基"工作检查中，我们部门重点对年内签约的供应商资质进行逐一核查，已联系2家资质快过期的供应商，督促他们尽快将最新资质报送我们部门进行审查和备案，否则将停止供货。另外，在基层料库检查中，对库房内多个批次的危险化学品进行抽查，确认年内所有危化品均具备随货"一书一签"。目前，我们正在按照厂企管法规部的统一要求，对物资采购的有关制度进行评审修订，将有关的QHSE最新要求融入新版制度中。

审核员： 好的，谢谢冯工。您可以介绍一下您对直线责任的认识吗？

冯工： 直线责任是指落实各项工作的负责人对各自承担工作的QHSE管理职责，做到谁主管谁负责、谁组织谁负责、谁执行谁负责。我理解在工作中，我就是要对分管的业务范围内的QHSE工作负直线责任，不仅要关注办公室里的工作，也要把工作延伸到现场；不仅要把自己的业务做好，也要指导基层的业务人员提升业务水平。

审核员： 冯工，那么您是如何理解和贯彻落实HSE管理九项原则和反违章六条禁令呢？

冯工：HSE 管理九项原则是指：（1）任何决策必须优先考虑健康安全环境。（2）安全是聘用的必要条件。（3）企业必须对员工进行健康安全环境培训。（4）各级管理者对业务范围内的健康安全环境工作负责。（5）各级管理者必须亲自参加健康安全环境审核。（6）员工必须参与岗位危害识别及风险控制。（7）事故隐患必须及时整改。（8）所有事故事件必须及时报告、分析和处理。（9）承包商管理执行统一的健康安全环境标准。这要求我们在做工作策划和决策时，必须要优先考虑 HSE；在进行供应商的选择时，必须要考虑 HSE；同时，应对基层业务员工进行 HSE 有关培训。针对业务范畴的 HSE 风险，我们必须要亲力亲为地进行风险识别、隐患排查和治理。如果发生事故事件，必须要及时报告、分析、处理，不能瞒报、漏报、迟报。反违章六条禁令是指：严禁特种作业无有效操作证人员上岗操作；严禁违反操作规程操作；严禁无票证从事危险作业；严禁脱岗、睡岗和酒后上岗；严禁违反规定运输民爆物品、放射源和危险化学品；严禁违章指挥、强令他人违章作业。六条禁令是我们必须要遵守的底线，绝对不能违背。

审核员：冯工，您能谈谈岗位业务涉及哪些安全环保风险吗？您是如何管控的？

冯工：我的岗位业务涉及的安全环保风险主要有：供应商的安全环保资质必须符合要求，采购的物资原料必须符合安全环保要求，物资原料验收、运输、装卸、贮存都存在一定的安全环保风险。我们目前主要通过合规管控、监督检查、"四不两直"检查、员工培训等方式进行管控。

审核员：冯工，您在工作中涉及哪些高风险作业和非常规作业活动？您承担什么职责？

冯工：在物资装卸的过程中，尤其是大型物资，比如加热炉、变压器、管线管材等，需要吊装作业进行装卸，这些作业活动应该办理吊装作业许可。我的职责是，每年在危害因素辨识时要持续对吊装作业过程中产生的风险进行评估，并在物资装卸的过程管控中明确要求吊装作业的有关管控措施，对基层业务人员开展这方面的培训，在各类监督检查中关注这方面的管控情况。

审核员：冯工，您业务上存在哪些质量关键控制点？如何进行管控？取得什么成效？

冯工：我业务上的质量关键控制点主要就是招标、采供、验收、入库、保管、发料、出库等。目前主要的方法就是监督检查和业务培训两个方面，用绩效考核约束基层员工必须合规管控，用教育培训提升基层员工的业务水平。截至目前，我们今年到货物资均管控有效。

审核员：冯工，您是否参加了厂里的 QHSE 内部审核活动？您认为您单位内部审核存在哪些问题？

冯工：今年 3 月，我参加了厂里一季度的 QHSE 体系内部审核。我们厂 QHSE 体系内部审核总体挺好的，就是希望能给审核员多一些培训，从提升审核员的业务能力出发，提升 QHSE 体系内部审核的质量。

审核员：冯工，您对本单位 QHSE 管理有哪些改进建议？

冯工：建议今后能再多一点 QHSE 培训吧，用培训增强总体的 QHSE 管控能力。

审核员：好的，冯工，谢谢您接受访谈。

冯工：不客气。

4.访谈时应注意的事项

（1）明确主题，应选择不同层次、合适的访谈对象。

（2）少说多听，捕捉不同谈话内容的典型信息和要点信息。

（3）尊重对方，让对方明白你已注意到对方的工作和作用。

（4）平等相待，礼貌友好，创造轻松融洽的气氛。

（5）避免情绪化提问、欺骗性提问、诱导性提问。

（三）现场观察

1.现场观察的对象

现场观察的对象主要是人的不安全行为和物的不安全状态。但主要精力要放在观察人的不安全行为上，因为这是导致事故发生的主要原因，及时发现物的不安全状态，如果可能的话，也应追溯到人的不安全行为上。人的不安全行为包括：员工的反应、员工的位置、使用的工器具、个人防护用品用具、应遵守的程序、人体工效学、整洁等七个方面。观察的具体内容可参见表 3-25。物的不安全状态包括：防护、信号等装置缺失或有缺陷，设备设施、工具、附件有缺陷，个人防护用品用具有缺陷，生产作业现场环境不良，交通线路配置不符合要求等。

表 3-25　现场观察员工作业活动表

员工反应	员工位置	个人防护装置	工具和设备	程序	人体工效学	整洁
观察到的人员的异常反应 □ 调整个人防护装备 □ 改变原来的位置 □ 重新安排工作 □ 停止工作 □ 接上地线 □ 上锁挂牌 □ 其他	可能 □ 被撞击、被夹住 □ 高处坠落 □ 绊倒或滑倒 □ 接触温度的物体 □ 触电 □ 接触、吸入有害物质 □ 不合理的姿势 □ 接触转动设备 □ 搬运负荷过重 □ 接触振动设备 □ 其他	未使用或未正确使用；是否完好 □ 眼睛和脸部 □ 耳部 □ 头部 □ 手和手臂 □ 脚和腿部 □ 呼吸系统 □ 躯干 □ 其他	□ 不适合该作业 □ 未正确使用 □ 工具和设备本身不安全 □ 其他	□ 没有建立 □ 不适用 □ 不可获取 □ 员工不知道或不理解 □ 没有遵照执行 □ 其他	办公、操作和检修环境 □ 不符合工效学原理 □ 重复的动作 □ 躯体位置 □ 姿势 □ 工作场所 □ 工作区域设计 □ 工具和把手 □ 照明 □ 噪声 □ 工作生活环境温度 □ 其他	□ 作业区域是否整洁有序 □ 工作场所是否井然有序 □ 材料及工具的摆放是否适当 □ 其他

审核员在进行现场观察之前要心中有数，目的明确。如要查设备设施定期校准的情况，可以观察设备设施上的校准状况标识，再查看相对应的校准证书（报告）及定期校验记录；查设备设施的维护保养情况，除了查阅有关设备维护的程序文件、作业指导书、维护保养计划和有关记录外，还应去现场实地察看设备的保养情况，开机检查设备运转是否正常，观察设备附件（仪表）的准确度等。

2. 常用的现场观察方法

1）"障眼"观察法

审核员在审核前，不打招呼，按照掌握的线索和发现的问题，在现场观察时，采取"随便走走"的形式，寻找观察目标、内容和结果等，以获取有力的证据。

2）"寻根"观察法

审核过程中发现了问题或疑问，就需要对相关部门或场所作寻源性或相关性观察。例如：在施工生产过程中，发现所使用的外加剂不符合规范规程要求，审核员应到混凝土拌和系统查看有关规范规程、配合比报告等证据。当得知因当地气温较高，为延长混凝土运输浇筑时间而采用了缓凝高效减水剂后，终于查明是施工单位擅自要求更改的。

3）"回访"观察法

审核员为了证实证据的真实性或者查证新证据，可以出其不意地到已经审核过的部门再次观察或核查。这种方法主要用在受审核方不主动合作或有虚假表现的场合。

4）"区域"观察法

审核员除了把关作业活动的主要场所外，还应把可能会忽略的场所作为重点审核范围，如偏远的仓库、临时作业场所、废品处理点、职工食堂等。

3. 提高现场观察水平

现场观察是对查阅、访谈所获取的信息的对照和印证，因此，需要提高现场观察水平，以便有效地验证企业的实际运行情况与文件规定的差距，与人员访谈结果的差异，以及现场实际操作的情况等。可关注以下内容。

（1）综合运用各种感官。为了成为一位熟练的安全观察者，可以使用整体观察技巧，留意周围的每一件事。要知道所谓的观察不仅仅是看，同时还要调动听、闻、摸、感觉等身体全方位的感觉器官。可以考虑以下方面：

看——上面、下面、后面、里面。

听——异常的声音与振动。

闻——异常的味道。

摸——在安全和许可的前提下。

感觉——异常的温度与振动。

审核员在现场观察绝不同于一般现场参观，一定要把注意力集中在收集审核证据上。要做好这一点，审核员必须熟练掌握审核准则，特别是体系文件的各项规定，以判定受审核现场的运行是否执行了体系文件的各项规定。此外，审核员还需熟练地掌握适用于此现场的法律法规要求，以便在现场观察中确认受审核现场是否有重要的危害因素未被识别和控制。

（2）观察时的思路。进入作业现场审核时，可考虑：

① 快速巡视整个作业现场，了解整个现场的概况。

② 将作业现场的大概情况与体系文件或法律法规的相关要求进行联系。

③ 确定观察的路线，即按照某个生产过程或作业流程进行，如卸货、储存、准备、过程/装配/作业、包装及运输等。

④ 确定主要的风险区域、关键岗位、高风险作业和重要的危害因素，作为重点的观察对象。

⑤ 确定需要检查的关键点、关键性的设备设施的运行情况，如作业场所化学品或物品的危害、机械伤害、电气危害、火灾爆炸危害、电气工具/装置、防火设施、服务装置、设备状态等。

4. 现场观察的注意事项

（1）首先要清楚体系文件及法律法规的相关要求，然后才能进行有效地现场观察。

（2）确认现场审核的范围、路线。

（3）巡查主要生产、动力、安全和环保等设备设施和关键作业现场，了解其相关的过程、工艺信息。

（4）观察和了解危害因素及其影响的现场信息。

（5）将现场观察的情况与查阅、访谈的信息建立联系。

现场观察练习

图 3-10 至图 3-24 是某审核组在审核时拍摄的照片，请您观察下列照片，描述照片中发生的不安全行为或不安全状态。

1. 油气田设备

图 3-10 转油站泵房输油泵阀门手轮损坏

图 3-11 ××井抽油机皮带无防护罩

图 3-12　××联合站 1#原油采出水罐罐体腐蚀严重穿孔

图 3-13　天然气截断阀内漏，阀门与管线结冰

2. 作业许可

图 3-14　在××增压站动火现场审核，氧气瓶、乙炔气瓶间距不足 5m，且乙炔气瓶无防倾倒措施

图 3-15　在××增压站挖掘作业现场审核，挖出的土堆放距管沟边沿不足 1m，堆积高度超过 1.5m，坡度大于 45°

图 3-16　在××联合站吊装作业现场审核，吊装作业吊臂下站人

图 3-17　在××转油站临时用电作业现场审核，配电箱未上锁

3. 物资质量

图 3-18　在××料场审核时，2 套加药装置（含安全阀、加药泵、电源控制箱），露天存放，无任何防护装置，且法兰片已严重生锈

图 3-19　不明物资外包装破损，料库人员已经说不清该物资名称、规格等

图 3-20　××井钻井现场，防塌剂等入井化工料被雨水浸湿；套管下无衬垫，泥水进入套管

4. 地面工程质量

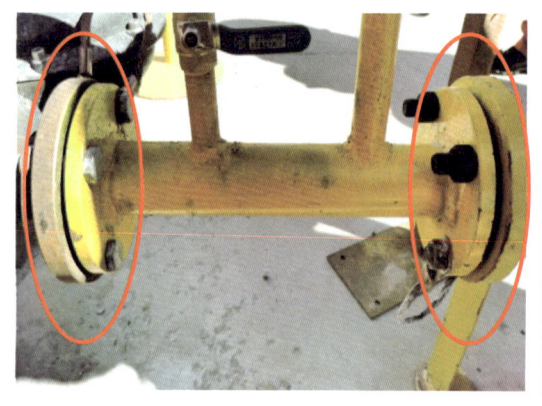

图 3-21　连接法兰大小不匹配

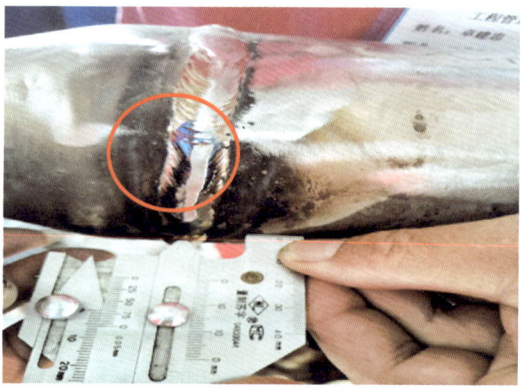

图 3-22　焊缝余高实测为 4mm（应不大于 2mm）

图 3-23 混凝土搅拌现场，无原材料复试、混凝土配合比报告，也无称重计量设备，无法保证混凝土的强度及质量满足设计要求

图 3-24 不锈钢法兰盘与碳钢法兰盘混用

（四）测试

目前，集团公司在多年的审核实践基础上，结合油田 QHSE 体系现场审核的特点，创新提出了知识测试、"四不两直"抽查、作业许可模拟签票、岗位模拟应急演练等现场测试的审核方法，可有效帮助审核员强化对岗位人员安全意识、风险意识和防控能力等方面的审核。集团公司 QHSE 现场测试典型做法参见表 3-26。

表 3-26 集团公司 QHSE 现场测试典型做法

序号	现场测试方法	基本介绍
1	知识测试	组织对领导干部、管理人员、基层员工进行知识测试，了解掌握有关政策要求和应知应会情况
2	问卷调查	对各层级人员开展安全文化感知度等多种调查，以了解其安全认知和态度、受审核单位目前的安全文化及其产生的影响，以便追踪和改善安全绩效
3	"四不两直"抽查	组织对关键作业和施工现场风险管控，以及夜间管理人员值班、员工劳动和操作纪律执行、作业环境等情况进行随机审核
4	应急演练	结合主要风险情况，选择主体装置或施工现场，模拟相关事故情景进行应急演练，以验证其应急预案的可操作性、应急培训的有效性、应急物资的完好性等
5	作业许可模拟签票	现场模拟作业许可签票，通过现场观察，与申请人、批准人沟通，了解相关人员对作业许可的熟悉情况，并通过现场观察到的问题，查找相关人员职责、能力不满足要求的状况
6	现场操作	通过现场观察，测试操作人员是否会进行设备操作，是否具备现场安全操作能力。如，可抽查现场某一操作人员现场启停消防泵，测试该名员工是否会正确进行消防泵的开启、关闭
7	安全文化感知调查	采用问卷调查的形式，分层次对各个群体的员工进行安全文化感知程度的调查，测试该企业安全文化建设的有效性，以及员工对安全文化认同的程度

在现场审核中,作业许可模拟签票、岗位模拟应急演练、安全文化感知调查审核时内容相对比较多,下面介绍几项测试方法。

1. 作业许可模拟签票方法简介

作业许可模拟签票的基本流程包括:模拟场景设置及准备、布置作业许可模拟演练、现场观察作业许可模拟演练三个部分。

1)模拟场景设置及准备

审核组结合现场实际,选择二级以下危险作业(如进入受限空间)。进入现场前,打印出作业票证(被审单位实行的)。现场只模拟,而不是真正动火、进入受限空间,描述相关角色的工作方式即可。

2)布置作业许可模拟演练

审核组现场核实,对模拟场景进行符合性修改;采取书面、现场相结合的方式,布置作业许可模拟训练任务,并确认班组长或小队长已清楚工作任务。

3)作业许可模拟审核观察重点

作业许可模拟审核观察重点主要包含:基础资料、作业申请、作业审批、作业实施、作业关闭等方面。审核观察重点可参考表3-27。

表3-27 作业许可模拟审核观察重点

序号	审核项目	观察重点
1	基础资料	(1)作业许可管理目录。岗位是否有明确的作业许可任务目录清单,还是由相关人员临时主观判断。 (2)作业许可相关人授权清单。对单项作业许可任务是否明确了审批人、监护人、监督人,是否经过作业许可相关培训
2	作业申请	(1)级别选择是否正确,一级的批准人是分厂级,二级的批准人是矿大队(车间)级;是否查阅了本单位作业许可管理目录。 (2)申请人、批准人、监督人、监护人等是否具有相应的授权;是否设置了监督人、监护人;如动火、受限空间作业,基层队长、班组长设置角色时还要观察是否指派气体检测人。 (3)方案及危害因素分析。是否按要求编制施工方案(一级、二级),或者指定操作卡(三级),是否开展工作前安全分析(JSA)
3	作业审批	(1)审批。作业票证最后批准时是否组织申请人、批准人、属地等到达现场核实安全措施落实情况;书面审批是否对JSA、施工方案(计划书)进行审核。 (2)作业票填写是否规范。作业内容是否与实际相符;作业地点是否与实际相符;安全技术措施选项是否合理;是否存在与作业无关的内容。 (3)批准人是否对以下内容进行确认: ①提示、警示措施是否落实,警戒、隔离措施是否落实。 ②能量隔离是否按要求落实,包括清空清洗、置换吹扫、警戒围挡、系统隔断、地漏井口覆盖等措施。 ③监督人员、监护人员是否到岗,是否熟悉本岗位工作内容并经过培训。

续表

序号	审核项目	观察重点
3	作业审批	④ 施工机具、临时用电等设施是否经检查、处于完好状态。包括工业钢瓶、手持电动工具、倒链、焊机、磨光机、无齿锯等。 ⑤ 安全设施是否完好，如平台、围栏、安全网、操作坑等。 ⑥ 特种作业人员是否持有效操作证上岗。 ⑦ 人员的个人防护装备是否齐全、有效，并且正确穿戴。包括工服、工鞋、安全帽、安全带、护目镜、手套、呼吸防护装备等。 ⑧ 是否按要求和需要编制应急预案，应急物资、设施是否准备齐全。如灭火器、灭火毯、消防沙、救援用安全绳、三脚架、医药箱等
4	作业实施	（1）风险交底。作业方（如在同一小队，班组）是否进行安全技术交底；属地、相关方（如在同一小队，作业地点的班组）是否也开展了安全技术交底。 （2）监护人是否在现场。 （3）批准人是否在现场
5	作业关闭	批准人是否组织相关人员核查下列工作：是否清理现场，解除相关隔离；确认现场没有遗留任何安全隐患；确认现场已恢复正常状态；确认作业现场干净整洁

2. 应急演练方法简介

1）应急预案收集及准备

审核组收集岗位在用应急预案，挑选体现岗位风险特点的演练内容。选择岗位现场处置方案，控制在基层站队（装置）范围内，原则上不应选择分厂（二级单位）及以上级别的预案。审核组按演练内容，确定演练区域、关键环节，分配审核人员的任务和审核重点。

2）布置岗位模拟演练

审核组根据现场应急处置卡情况，设置预想事故场景；通知负责启动应急预案的岗位开始模拟演练。

3）应急演练观察重点

应急演练观察重点主要包含：基础资料、预警、信息报告、应急响应、处置措施、应急结束等方面。审核观察重点可参考表3-28。

表3-28 应急演练观察重点

序号	审核项目	观察重点
1	基础资料	检查某操作岗的应急处置卡目录，是否有缺项。检查要模拟的应急处置预案（卡）的具体应急处置程序、措施、联络信息是否错误
2	预警	观察沟通岗位人员如何根据监控数据或事故险情预警突发事件的影响，判断标准是否清晰、量化、可操作
3	信息报告	观察沟通岗位人员如何通知现场应急指挥机构（人）、上级和相关岗位，如何通知外部消防、医疗等应急联动单位或部门

续表

序号	审核项目	观察重点
4	应急响应	（1）观察沟通现场岗位如何针对事故危害程度、影响范围等，判断事故应急响应的层级。 （2）观察沟通现场岗位如何启动应急预案、调配应急资源
5	处置措施	（1）观察沟通应急处置过程是否严格执行应急预案规定的原则、程序，各项处置措施是否执行到位。 （2）观察沟通岗位人员是否熟练掌握个人防护用品穿戴、消防器材使用、应急设施操作等应急反应技能。 （3）观察沟通切断流程、紧急停机等关键操作是否存在漏项。 （4）观察沟通岗位如何确认关键环节是否执行到位，操作人员是否上报应急处置过程执行情况
6	应急结束	（1）观察沟通岗位是否掌握现场应急响应结束的基本条件和要求。 （2）观察沟通处置程序执行完毕后，现场应急指挥机构（人）是否集结人员、清点人数。 （3）观察沟通现场应急指挥机构（人）是否进行应急演练讲评

4）注意事项

（1）选择应急演练内容时，应避免出现存在风险的应急操作，避免演练人员进入危险区域。

（2）采取桌面推演、分环节模拟演练等方式进行观察沟通。

（3）空气呼吸器穿戴、便携式检测设备使用、隔离带架设等应急操作技能，应按应急预案要求进行实战操作，以检验参演人员的应急反应能力。

（4）审核前，应收集应急演练记录等资料，帮助审核员熟悉现场演练频次较高的内容、演练时出现过的问题等情况，以便有重点地选择演练内容和关注重点。

3. 安全文化感知度调查简介

安全文化感知度调查通常是采用问卷调查的形式，分层次对各个群体的员工进行安全文化感知程度的调查，测试该企业安全文化建设的有效性，以及员工对安全文化认同的程度。安全文化感知度调查表可参考以下示例。

参考示例

安全文化感知度调查表

本调查采用无记名方式，您的答案将和别人的答案综合在一起进行统计分析，并不会被单独报告。根据您所在工作区域（办公室、生产作业区域、施工区域等）实际情况，我们期待您能诚实、客观地回答问题。您的回答和意见对您所在单位成功提高安全业绩是非常重要的。

您的职务类别是什么？请选择下列合适类别的代码：_____

  A. 高层领导／高层管理人员——局级领导、总经理助理、副总师人员

  B. 中层领导——处级领导

  C. 管理和专业人员——科级、一般管理人员、专业技术人员

  D. 一般员工——岗位操作人员

您的主要工作区域是：□办公室　□生产作业区域　□施工区域

其他区域：_____

（1）请就以下项目给出您个人认为的重要程度。

请用 1～4 排列重要程度。1 为最重要，4 为最不重要。

项目	您个人认为的重要程度
• 质量，客户至上	
• 成本，效益	
• 产量	
• 安全	

在下列三个表格中给出您认为您所在单位中其他人是如何排列同样项目顺序的。

（2a）您认为高层领导和高层管理人员如何排列这些项目的重要程度。

请用 1～4 排列重要程度。1 为最重要，4 为最不重要。

项目	高层领导和高层管理人员认为的重要程度
• 质量，客户至上	
• 成本，效益	
• 产量	
• 安全	

（2b）您认为中层领导如何排列这些项目的重要程度。

请用 1～4 排列重要程度。1 为最重要，4 为最不重要。

项目	中层领导认为的重要程度
• 质量，客户至上	
• 成本，效益	
• 产量	
• 安全	

（2c）您认为其他一般员工如何排列这些项目的重要程度。

请用 1～4 排列重要程度。1 为最重要，4 为最不重要。

项目	一般员工认为的重要程度
• 质量，客户至上	
• 成本，效益	
• 产量	
• 安全	

以下每个问题只能选择一个答案，否则您的答案无效。为便于统计，请在每题前的括号内填写答案，谢谢！

（　　）（3）您认为事故、事件或伤害能被预防到什么程度？

　　A. 所有都可以预防　　　　　　B. 几乎所有都可以预防

　　C. 很多都可以预防　　　　　　D. 一些可以预防

　　E. 很少可以预防

（　　）（4）在改善安全业绩方面的不懈努力将如何影响到其他领域，这些领域包括质量、生产率、成本和利润等。安全业绩方面的改善将会：

　　A. 对实现其他经营目标有很大的帮助　　B. 对实现其他经营目标有一些帮助

　　C. 对实现其他经营目标没有影响　　　　D. 更难实现其他经营目标

　　E. 大大削弱实现其他经营目标的能力

（　　）（5）在下列何种情况下，用于改进安全的费用支出将大于其所创造的经济效益（这里所说的经济效益包括伤害费用的降低和损工时间的减少，员工士气、产品质量、生产效率的提高等）？

　　A. 无论安全表现处于何种水平，只要安全费用在合理范围内，卓越的安全表现所带来的经济效益总是超过其付出的费用

　　B. 当安全表现处于优异水平时，进一步改进安全的费用将超过其所带来的经济效益

　　C. 当安全表现处于良好（高于平均）水平时，进一步改进安全的费用将超过其所带来的经济效益

　　D. 当安全表现处于平均水平时，进一步改进安全的费用将超过其所带来的经济效益

　　E. 改进安全的费用总是超过其所带来的经济效益

（　　）（6）在设备和设施设计、操作规程制定和岗位培训时，您的单位在多大程度上将安全因素作为它们的重要组成部分，而不是以后再作考虑的？

　　A. 完全融合　　　　　　　　B. 很大程度地融合

　　C. 部分融合　　　　　　　　D. 几乎不融合，主要是后来添加的

　　E. 根本不融合，后来添加的　　F. 我不知道

（　　）（7a）您所在的单位是否已经制订了安全价值观（理念和原则），并形成书面文字便于员工阅读理解？

　　A. 有　　　　　　B. 没有　　　　　C. 我不知道

　如果您的答案是"没有"或"我不知道"，请跳到问题8；如果您的答案是"有"，请继续回答问题7b。

（　　）（7b）选择下列对您所在单位的安全价值观最准确的描述。

　　A. 安全价值观是最新的而且容易理解，对安全有重大影响

　　B. 安全价值观对安全有一些影响

　　C. 安全价值观不常用，而且对安全几乎没有影响

　　D. 安全价值观是形式而已，对安全根本没起到作用

（　　）（8）就这项陈述作出回答："在我的单位内，主管和经理须对其管辖范围内的伤害和安全事故的预防工作负责，安全成绩的好坏直接影响其工作表现的考评、升迁和薪酬。"

　　A. 完全同意　　　B. 同意　　　　C. 既不同意也不反对　D. 不同意

　　E. 完全不同意　　F. 我不知道

（　　）（9a）过去的一年里，在改善安全的管理活动中，您参与的程度如何？例如，担任某个安全隐患整改小组的组长或成员，或参与事故调查，或协助制定某个安全规章制度？

　　A. 深度参与　　　B. 参与很多　　　C. 中度参与　　　　D. 很少参与

　　E. 根本没有参与

（　　）（9b）在过去的两年里，你参加过HSE委员会或安全工作改进小组吗？例如，安全隐患整改小组、安全检查小组等。

　　A. 有　　　　　　B. 没有

（　　）（10）您觉得您在采取行动防止伤害和确保自己与他人的安全方面有多大权力？这包括停工、停机及提出建议或采取措施确保工作安全，并且您知道上级会支持您。

　　A. 绝对有权力　　B. 非常有权力　　C. 有一些权力　　　D. 没有什么权力

　　E. 根本没有权力

（　　）（11）您在过去两年内得到多少正式的、有系统的安全和职业健康培训？

　　A. 深入广泛的培训　　　　　　　B. 相当多的培训

　　C. 一些培训　　　　　　　　　　D. 很少培训

　　E. 没有培训

（　　）（12a）在您工作的地方每隔多久开一次安全会议？

　　A. 每星期或每两个星期　　　　　B. 每月

　　C. 每两个月　　　　　　　　　　D. 超过两个月

　　E. 没有安全会议

如果您的答案是"没有安全会议",请跳到问题 13a,否则继续回答问题 12b。

（　　）（12b）您有定期参加安全会议吗?

  A. 有　　　　　　B. 没有

（　　）（12c）你觉得安全会议的质量和效果如何?

  A. 很好　　　　　B. 好　　　　　　C. 满意　　　　　　D. 差

  E. 很差　　　　　F. 我不知道

（　　）（13a）您所在单位的安全规章制度的质量如何? 高质量的安全规章制度应该是不断更新的,并清楚地指导员工如何安全地工作。您所在单位安全规章制度的质量是:

  A. 很好　　　　　B. 好　　　　　　C. 满意　　　　　　D. 差

  E. 很差　　　　　F. 我不知道

（　　）（13b）您所在单位安全规章制度的遵守情况如何?

  A. 遵守所有安全规章制度,无一例外

  B. 员工通常遵守安全规章制度

  C. 安全规章制度只是指导性的,有时遵守,有时不遵守

  D. 安全规章制度经常不被遵守

  E. 员工很少注意安全规章制度

  F. 我不知道

（　　）（14）当员工不遵守安全规章制度时是如何处分的?"处分"可包括口头警告直到更严厉的处罚,例如开除。

  A. 所有违反安全规章制度的都受到处分

  B. 只有严重违反安全规章制度的会受到处分

  C. 对违反安全规章制度的处分是随意的,而且没有一致性

  D. 违反安全规章制度的很少受到处分

  E. 我不知道

（　　）（15）对伤害、安全事故、事故隐患调查和建议的执行程度如何?

  A. 所有伤害和事故都已彻底查清,所有建议也都进行了整改

  B. 大部分伤害和事故都已调查,大多数建议都已执行

  C. 很多伤害和事故都已调查,一些建议已执行

  D. 只有严重伤害和事故才调查

  E. 伤害和事故很少调查

  F. 我不知道

（　　）（16a）您定期参与有组织的安全观察与沟通(人的行为)及安全检查(物的状态)的程度如何?

  A. 定期参与　　　　B. 有时参与　　　　C. 根本不参与

（　　）（16b）您经常看到您单位的领导(不一定是安全部门)参加安全方面的一些

具体工作吗？如参与安全观察与沟通、现场安全检查、专项安全会议、安全培训、参与安全制度讨论等。

  A. 经常看到 B. 很少看到 C. 根本没有看到

（ ）（16c）您觉得您单位的安全审核或检查的质量及有效性如何？从这几个方面考虑：频率、彻底性、参与程度、观察人员行为的程度（不只是物的状态）、跟踪的彻底性，以及全面建立更安全的工作场所的有效性。

  A. 很好 B. 好 C. 满意 D. 差

  E. 很差 F. 我不知道

（ ）（17）您对"公司的换岗和重返工作岗位的制度应该包括帮助那些不能从事原工作岗位的受伤员工进行身体康复，并为他们提供合适的工作岗位。"这项陈述的态度是？

  A. 完全同意 B. 同意 C. 既不同意也不反对

  D. 不同意 E. 完全不同意 F. 我不知道

（ ）（18）在您工作场所的安全管理中，"工作外"安全涉及何种程度？

  A. 工作外安全是安全管理的重要组成部分。我们统计工作外的伤害，而且公司建立了工作外的安全委员会并通过该委员会推动居家安全、工作外驾驶安全等计划

  B. 工作外安全没有正式成为我们工作场所安全管理的一部分，但有时将某些方面纳入安全会议

  C. 工作外安全不是我们工作场所安全管理的一部分

  D. 我不知道

（ ）（19）您所在单位是如何表彰安全成就和庆祝良好安全成绩的？表彰是：

  A. 彻底和广泛的 B. 经常性的 C. 有一些 D. 很少

  E. 没有 F. 我不知道

（ ）（20）您觉得您工作范围内的设施安全情况如何？

  A. 很好 B. 好 C. 满意 D. 差

  E. 很差 F. 我不知道

（ ）（21）您对您所在单位的安全目标和安全业绩的了解程度如何？

  A. 我知道我们的安全目标和当前的安全业绩，也知道与业界其他公司相比较的情况

  B. 我知道我们的安全目标和当前的安全业绩，但不知道与业界其他公司相比较的情况

  C. 我只大致知道我们的安全目标和安全业绩，但不知道与业界其他公司相比较的情况

  D. 我不知道我们的安全目标，也不了解与业界其他公司相比较的情况

(　　)（22）请评价您所在工作场所的安全组织结构的有效性（HSE 委员会、机制、组织制度等）。

  A. 很好　　　　　　B. 好　　　　　　C. 满意　　　　　　D. 差
  E. 很差　　　　　　F. 我不知道

(　　)（23）请评价您所在单位专职安全人员的表现（安全主管、安全监督、安全专业人员等）。

  A. 很好　　　　　　B. 好　　　　　　C. 满意　　　　　　D. 差
  E. 很差　　　　　　F. 我不知道

(　　)（24）您对您所在单位整体安全的满意程度如何？

  A. 非常满意　　　　B. 中度满意　　　C. 既满意也不满意　　D. 中度不满意
  E. 非常不满意

(　　)（25）您是否会主动报告您发现的（不一定与您有直接关系）不安全行为、事故隐患或者事件？

  A. 会主动报告

  B. 只有感觉很严重时才会报告

  C. 一般不会报告，报告了会引起不必要的麻烦

  D. 不会报告，因为报告了也不会引起重视

（五）特殊情况应对技巧

实际审核中会遇到各种各样的人，由于他们对审核的看法不同，就会产生不同的态度，审核员应当针对不同的情况采取相应的措施，可参见表 3-29。

表 3-29　特殊情况应对技巧

序号	非典型情况	审核表现	现场审核可采取的对策
1	"没问题"型	只提供好的方面的资料，对不好的方面搪塞而过	坚持全面审核，覆盖检查表所有内容，对好的和差的方面逐一进行评估
2	"抵触"型	不接受任何批评和忠告，轻视审核员的意见，不与审核员合作	保持冷静，坚持审核，清楚而详细地说明发现的不符合及证明其存在的证据
3	"掩盖"型	尽可能少说话、少回答问题，即使回答问题也兜个圈子，力图使审核员少了解真实情况	耐心、容忍、灵活地变换问法，直至达到目的
4	"一问三不知"型	对所提问题以情况不熟悉为由不作回答	请求受审核方领导另派熟悉情况的人员陪同或介绍情况
5	"高谈阔论"型	对审核员提出的问题旁征博引，高谈阔论，进行理论探讨，想利用专业方面的优势震慑住审核员，减缓审核进度	及时切入最实际的问题，不与其辩论理论问题或技术问题，明确地、有意识地说明问题和对情况进行调查的要求

续表

序号	非典型情况	审核表现	现场审核可采取的对策
6	"办不到"型	对于审核员提出的问题,以实际行不通、办不到、没必要、太繁琐等借口,不承认问题的存在和解决办法	清楚、耐心地说明这是标准的要求,审核是标准与实际核对的过程
7	"辩解"型	对审核过程中发现的不符合项千方百计地辩解,寻找理由开脱	可以重新核查,坚持以事实为依据,全面覆盖审核计划中的内容
8	"主动暴露"型	向审核员主动介绍存在的问题,在审核员发现并提出问题之前,先以一定的理由推卸掉责任	先核实其所介绍的问题,但要注意,不可介入受审核方的人际矛盾问题
9	"求饶"型	承认审核员查到的问题,但要求审核员高抬贵手,不要判定不符合项,并表示立即纠正	应坚持原则,但对受审核方可表示同情,持理解的态度,对确实能够立即纠正的轻微不符合项可视为观察项,或待其纠正确认后可不判定不符合
10	"故意拖延"型	千方百计转移审核员审核目标、精力和时间,迟迟不提供所查资料,天南海北地聊天或常常溜号	尽量避免做不相干的事,保持审核目标的明确,要主动客气地打断不相干的介绍,把话题引到审核问题上
11	"停止一切"型	发现问题时,要求停止一切工作,并要求重新谈判审核项目,讨论因停工造成的大量额外成本问题	绝不介入额外的问题,将所有与审核无关的问题提给有关人员讨论,继续进行审核工作

现场审核时,当遇到以上特殊情况,应保持心态平稳,不急不躁,采取有效的应对措施,主动回归审核检查表的思路和内容,带动审核节奏,使审核回归正轨,按时保质完成审核任务。

二、审核发现的记录方法

审核发现的记录主要是针对审核现场发现的各类证据的记录,基本的方法有审核问题描述、现场拍照、审核助手的使用等。

(一)审核问题描述

1. 审核问题描述的基本要求

审核问题描述应关注以下基本要求:

(1)问题描述应准确具体,包括问题所在单位、地点、时间、涉及的人员(一般可写职务,但不能写人名)、事情发生的细节,尽量附以照片。

(2)具有可查重性和可追溯性,文字力求简明精练。

(3)不使用不确定的量词、形容词、代词。如"一些""部分""有的""可能""记录填写不规范""问题整改不彻底"等词语。

（4）不符合的判定依据力求准确，要以客观证据证实的事实为依据，做出正确判断，以便采取纠正措施。

（5）问题可引用可追溯的审核发现，性质判断准确；可进一步摘引违反条款的原文；问题开在发现部门，由责任部门组织分析确定。

（6）应便于接受审核方分析原因、制定措施和实施整改。

问题描述学习案例 1

【问题描述】查某作业区安全环保室，2018年特种作业人员清单中"杨某"登高架设作业证有效期2018年1月16日已过期，截止现场审核时未进行复审。

【错误分析】（1）未明确审核的时间。（2）未明确不符合判定依据。

【正确的问题描述应为】

查某作业区安全环保室，2018年特种作业人员清单中"杨某"登高架设作业证有效期2018年1月16日已过期，截止现场审核时（2018年7月12日）未进行复审。不符合该厂《HSE培训管理办法》中"特种作业及特种设备操作人员必须按照国家有关规定经过专门的安全技术培训，并参加政府考核发证机关授权的考试机构组织的考试，考核合格，取得相应操作资格证后，方可从事特种作业或特种设备作业，并按照规定进行复审"。经追溯，该作业区未及时安排杨某参加特种作业人员复审。

问题描述学习案例 2

【问题描述】某站阀室温度计玻璃表盘松动，可轻易旋转，造成运行温度参数范围（上下限目视红线）标识不准确。

【错误分析】（1）未明确审核时间。（2）问题没有可追溯性或可重现性，无法追溯是哪一个温度计存在问题。（3）未明确不符合判定依据。

【正确的问题描述应为】

2021年6月6日，在某站审核时发现，该站阀室原油进站温度计玻璃表盘松动，可轻易旋转，造成运行温度参数范围（上下限目视红线）标识不准确。经追溯，巡检人员没有发现该问题。不符合《集团公司QHSE管理体系量化审核标准》中10.3.1.1"（QHSE）在用设备设施完好，性能符合要求"及17.8.5.1"（QHSE）生产作业区域、设备设施目视化管理规范，标注完整"的规定。

问题描述学习案例 3

【问题描述】某站调度控制室"报警值调整"数据单显示，2021年9月底对该站一些报警值参数进行了调整，但一部分报警参数的调整变更管理不到位。

【错误分析】（1）未明确审核时间。（2）使用了不确定的量词、形容词、代词，如"一些""一部分""管理不到位"等。（3）未明确不符合判定依据。

【正确的问题描述应为】

2021年6月6日，在某站审核时发现，该站调度控制室"报警值调整"数据单显示，2021年5月底对该站共13组报警值参数进行了调整，除1组报警连锁参数外，生产指挥中心对其他12组报警参数的调整未执行变更申请、危害分析和批准程序。不符合该单位《管道处工艺、设备变更管理办法》第十三条"变更由属地单位或技术管理部门提出申请"；第十四条"变更应充分考虑HSE影响，并确认是否需要危害分析。对需要作危害分析的，分析结果及采取的风险控制措施应作为变更申请的主要内容"；第十五条"变更在满足所有工艺、设备、健康、安全、环境的条件下，批准人或授权人方能批准"。经追溯，该属地单位未将《管道处工艺、设备变更管理办法》落实到位。

2. 审核问题描述的方法

审核问题可采用公式法进行描述。可以按下面公式来表述：

$$判语表述结构 = A+B+C+D+E$$

式中：A——时间，如年、月、日；

B——场所，如××公司，××厂，××作业区，×站×区等；

C——位置，如×设备，×岗位（人）；

D——状况，如××裂开，××过期等；

E——辨识对标，不符合相关法规、标准的事实——物的不安全状态、人的不安全行为及管理缺陷。

这个公式简单、明了，对隐患的描述明确、简练，便于理解和整改。

问题描述示例

【示例】2021年6月6日，在某联合站审核时发现，该联合站识别出硫化氢危害因素，但罐区告知牌未公布硫化氢日常监测结果。不符合集团公司《工作场所职业病危害因素检测管理规定》中第四章第十五条"硫化氢、一氧化碳、氨、苯等高毒物质、高噪声等主要职业病危害因素应当作为重点进行日常监测"；第十六条"日常监测结果应当定期报告相关负责人，并在工作场所职业病危害告知卡或公告栏公布"。经追溯，该作业区未及时对告知牌的危害因素检测结果进行更新和公示。

【结构分析】

A（时间）：2021年6月6日

B（场所）：某联合站

C（位置）：罐区告知牌

D（状况）：联合站识别出硫化氢危害因素，但罐区告知牌未公布硫化氢日常监测结果。

E（辨识对标）：不符合集团公司《工作场所职业病危害因素检测管理规定》中第四章第十五条"硫化氢、一氧化碳、氨、苯等高毒物质、高噪声等主要职业病危害因素应当作为重点进行日常监测"；第十六条"日常监测结果应当定期报告相关负责人，并在工作场所职业病危害告知卡或公告栏公布"。

3. 审核问题描述注意事项

在审核问题描述时，要关注避免采用的表达方法和可采用的表达方法，参见表 3-30。

表 3-30　审核问题描述措辞示例

避免采用的表达方法	可采用的表达方法
"装置无……"	"我们不能确认……" "我们不能确定……" "审核组无法核实……" "装置人员无法找到……文件" "装置没有提供……"
"……违背法律"	"在……程序中没有纳入……中规定的要求"
"发现……做法存在过失"	"记录没有纳入……要求的信息"
"……是一种草率的操作做法"	"操作做法不符合已批准的……程序中的要求"
"看起来像……" "我们认为……" "似乎是……" "我们感觉……" "我们相信……"	"……没有……"
"……记录非常缺乏" "……完全不符合……" "……计划是发现的最糟糕计划" "文件水平实在太差"	"……记录没有包含……中规定的信息" "……计划没有包含……中规定的信息" "……文件没有包含……"
"……必须……" "……应……"	"……宜……"

📄 问题描述练习

表 3-31 是某审核员在作业区审核时记录的不符合事实描述，但在描述上存在表达不当的情形，请你根据可采用的表达方式进行修改。

表 3-31　某审核员不符合事实描述修改练习

不符合事实描述	建议表达方式
2022年6月1日，在某采油作业区审核时发现，该作业区新投建的一体化水处理装置无操作规程	
2022年6月2日，在某采油作业区审核时发现，该作业区的现场处置方案中未包含特种设备应急处置方案，也未开展特种设备突发事件应急演练。这属于违背《中华人民共和国特种设备安全法》的行为	
2022年6月3日，在某采油作业区审核时发现，××增压站的有毒有害气体记录报表，对硫化氢参数记录为"正常"，这种做法存在过失	
2022年6月4日，在某采油作业区审核时发现，该作业区现行规章制度均没有进行审批签发，这是一种草率的做法	
2022年6月5日，在某采油作业区审核时发现，我们感觉该作业区危险作业许可审批管理存在问题	
2022年6月6日，在某采油作业区审核时发现，该作业区编写的防洪防汛工作计划不具体，文件水平实在太差	
2022年6月7日，在某采油作业区审核时发现，该作业区未开展年度危害因素辨识工作。该作业区必须在年初，各项工作启动前组织开展危害因素辨识专项工作	

（二）现场拍照

现场拍照需要注意以下基本原则：

（1）现场隐患需要拍照清晰，布局合理，可以清晰看到现场发现的隐患。

（2）取证相片必须"全貌+局部"，也就是远景和近景的结合。远景要取整个隐患所处的场所或生产系统，清晰展现隐患部位所处的位置。近景要取具体的隐患点，清晰展现隐患点存在什么隐患，严重到什么程度。如果一张局部图不足以展现，可用2张、3张图进行展现。

（3）如果在某一生产区域（如联合站、增压站、净化厂等）拍照，建议先对该生产区域的门牌进行拍照，记录该生产区域的基本信息。例如在A1联合站审核，可在A1联合站站外进行拍照，明确审核地点是A1联合站。如在A1联合站站内1#泵房审核，进入泵房前可在泵房门口进行拍照，明确具体审核地点在A1联合站1#泵房。用这样的方法可增强审核发现的可追溯性，避免在后期无法验证审核发现的发生地点和部位。

【示例】如在现场审核时发现，污水拉运车陕AN××××罐体腐蚀穿孔，渗漏含油污水。可采取图3-25方法拍照。

【第一步】拍摄污水拉运车全貌，并清晰展现车牌车号等关键信息。

【第二步】对罐体腐蚀穿孔泄漏点进行拍照，清晰展现隐患信息。

【第三步】对现场的污水泄漏痕迹进行拍照，清晰展现污水泄漏痕迹。

图 3-25　现场拍照

（三）审核助手使用

审核助手是油气和新能源分公司开发的一款辅助审核员现场审核的一款软件，包含了审核全过程的信息化管控流程。对于初级审核员，应会使用审核助手中最基本的记录功能，如现场取证、问题记录、四不两直、问题完善、亮点管理、审核标准、审核检查表、临时保存、小安快查等。

1. 登录

登录的账户名为本人提供的手机号，密码为默认密码。

在手机号登录前，使用者需要被推荐纳入油气和新能源分公司 QHSE 体系人才库，并在人才库中创建用户名，之后才可以应用手机号在审核助手 APP 登录、应用。如使用者未纳入人才库、未在人才库创建用户名，将无法用手机号登录审核助手 APP。详见图 3-26。

图 3-26　审核助手登录示意图
注：推荐使用 QQ 浏览器进行扫描，不要用微信扫一扫。微信识别不出本二维码。

2. 现场取证录入

通过现场拍照，选择照片带入问题中，进行问题录入。详见图 3-27。

3. 问题记录录入

对现场发现的问题进行快速记录。详见图 3-28。

图 3-27　审核助手现场取证录入示意图

图 3-28　审核助手问题记录录入示意图

4. 四不两直录入

对四不两直的问题进行快速记录。详见图 3-29。

图 3-29　审核助手四不两直录入示意图

159

5. 问题完善

对录入的问题进行基本信息和问题分类的补充。详见图3-30。

图3-30 审核助手问题完善示意图

6. 亮点记录录入

进入亮点管理列表页，点击新增填写亮点详细信息，完成对亮点记录的录入。详见图3-31。

图3-31 审核助手亮点记录录入示意图

7. 审核标准

通过审核标准对问题或者亮点进行录入。详见图3-32。

8. 审核检查表

通过审核检查表记录审核员的审核情况。详见图3-33。

图 3-32　审核助手审核标准示意图

图 3-33　审核助手审核检查表示意图

9. 临时保存

针对无网络情况下对录入的信息进行离线保存或编辑，并可在恢复网络连接的时候进行批量上传的操作。详见图 3-34。

图 3-34　审核助手临时保存示意图

10. 小安快查

提供法律法规、各类行业标准、制度等条款查询。详见图3-35。

图 3-35 审核助手小安快查示意图

三、审核追溯的基本方法

QHSE体系审核工作已开展多年，很多低老坏问题屡查屡有、屡改屡犯，究其原因，是审核员只关注了问题本身，而没有追根溯源地去查找存在这些问题的管理因素。"追根溯源"是体系审核区别于安全检查的基本特征，而审核追溯正是"追根溯源"的一种工具。

（一）审核追溯简介

根据现场审核的审核发现，有时需要进一步地追溯。在开展审核追溯时，需要考虑两种不同的情形。

第一种情形是，审核员在审核时发现审核证据不充分，需要进行审核追踪。在现场审核时，通过问、看、查等审核方法的综合运用，发现了一个现象和状况。审核员怀疑这一现象或状况可能导致不符合出现，为了确认其将导致的某项不符合，需要进一步按照一定的要素逻辑关系进行审核追踪。通常由审核员根据自己的审核情况进行审核追踪，可采用5Why法。

第二种情形是，审核组针对不符合事实开展问题成因的审核追溯。在现场审核时，审核组通过每日对审核发现和不符合事实进行汇总分析，认为有必要对突出问题进行直线责任上的追溯，需要对上一级职能部门进一步追踪审核。通常由审核组研究决定进行审核，可指派发现不符合事实的审核员开展向上追溯，也可指派其他更适合的审核员进行追溯，追溯方法详见"审核问题管理追溯"。

（二）5Why 分析法简介

所谓 5Why 分析法，又称"5 问法"，也就是对一个问题点连续以 5 个"为什么"来追问，以追究其根本原因。虽为 5 个为什么，但使用时不限定只做"5 次为什么的探讨"，主要是必须找到根本原因为止，有时可能只要 3 次，有时也许要 10 次，如古话所言：打破砂锅问到底。5Why 法的关键所在：鼓励解决问题的人要努力避开主观或自负的假设和逻辑陷阱，从结果着手，沿着因果关系链条，顺藤摸瓜，直至找出原有问题的根本原因。

5Why 从三个层面来实施：

（1）为什么会发生？从"制造"的角度。

（2）为什么没有发现？从"检验"的角度。

（3）为什么没有从系统上预防事故？从"体系"或"流程"的角度。

每个层面连续 5 次或 N 次地询问，得出最终结论。只有以上三个层面的问题都探寻出来，才能发现根本问题，并寻求解决。

在利用 5Why 法进行根本原因分析时，一定要把握好一些基本原则：（1）回答的理由是受控的。（2）询问和回答是在限定的一定的流程范围内。（3）从回答的结果中，能够找到行动的方向。

5Why 法应用示例

丰田汽车公司前副社长大野耐一曾举了一个例子来找出停机的真正原因。

【问题一】为什么机器停了？

答案一：因为机器超载，保险丝烧断了。

【问题二】为什么机器会超载？

答案二：因为轴承的润滑不足。

【问题三】为什么轴承会润滑不足？

答案三：因为润滑泵失灵了。

【问题四】为什么润滑泵会失灵？

答案四：因为它的轮轴耗损了。

【问题五】为什么润滑泵的轮轴会耗损？

答案五：因为杂质跑到里面去了。

【点评】经过连续五次不停地问"为什么"，才找到问题的真正原因和解决的方法，在润滑泵上加装滤网。如果员工没有以这种追根究底的精神来发掘问题，他们很可能只是换根保险丝草草了事，真正的问题还是没有解决。

审核追溯练习

2022年7月，某QHSE体系审核组在审核某作业区调控中心时，通过翻阅调度日志，发现3天前该作业区发生了一起集油管线破损事件。审核现场如图3-36所示。

图3-36 某作业区调控中心审核现场

【问题一】为什么会发生集油管线破损事件？

答案一：因为集油管线腐蚀穿孔，最终发生集油管线破损漏油。

【问题二】为什么集油管线会腐蚀穿孔？

答案二：因为没有及时对集油管线腐蚀严重点进行隐患治理。

【问题三】为什么没有及时对集油管线腐蚀严重点进行隐患治理？

答案三：因为没有及时发现集油管线腐蚀严重点。

【问题四】为什么没有及时发现集油管线腐蚀严重点？

答案四：因为没有按期进行管线检测。

【问题五】为什么没有按期进行管线检测？

答案五：因为作业区技术室没有履行组室职责，没有认识到技术室要进行油水管线检测管理，未在年度工作计划中纳入油水管线检测工作。

（三）审核问题管理追溯

1. 审核问题管理追溯流程

根据Q/SY 08002.3—2021《健康、安全与环境管理体系 第3部分：审核指南》要求，审核组应针对审核发现的问题，逐级从管理职责、制度规程、人员能力、资源配置、检查考核等方面追溯管理根源。审核追溯的流程可参见图3-37。

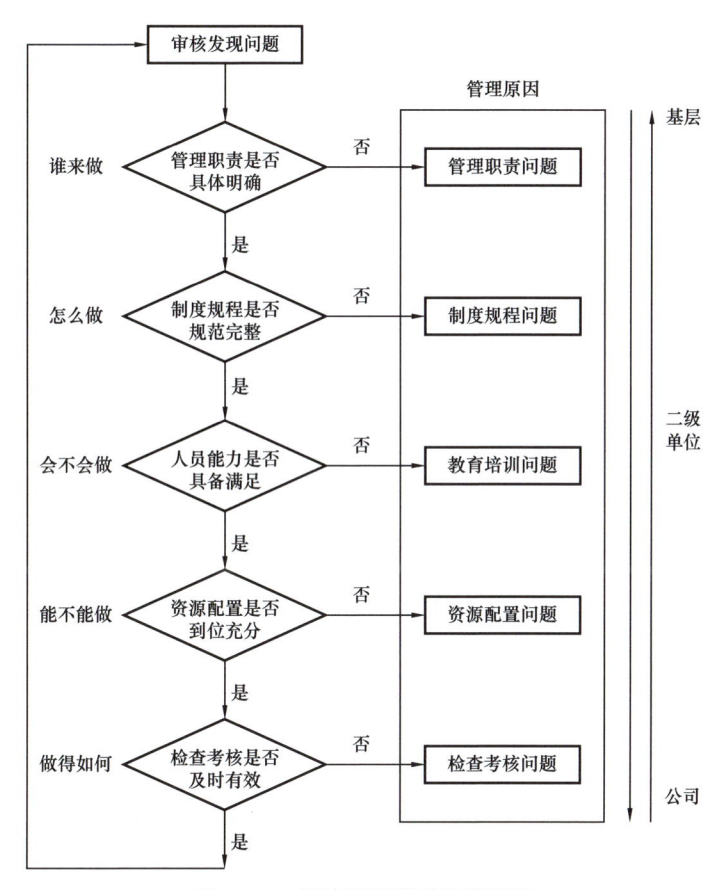

图 3-37　审核问题管理追溯流程

2. 审核问题管理追溯的基本方法

根据图 3-38 可以看出，审核问题管理追溯的基本方法实质上是管理环节、管理层面两个维度的联合追溯。

1）管理环节审核追溯

管理环节审核追溯采用了 PDCA 顺向追踪审核，应用的审核思路是"策划—实施—检查"审核路线。在追溯时，思路如下：

（1）策划阶段有效性验证。主要落实制度、规程等是否对生产、管理的过程、作业、活动等进行有效约束；是否对各项管理和工作职责进行有效约定。

（2）实施阶段有效性验证。主要落实资源配置、教育培训是否有效验证。实质上，资源配置可视为设备配备、工程措施是否有效落实；教育培训可视为以培训为主导的管理措施是否有效落实。

（3）检查阶段有效性验证。主要落实监督检查、考核等是否有效落实。

2）管理层面审核追溯

管理环节审核追溯，主要是以生产现场为出发点，层层对问题原因进行向上溯源，分析基层单位、二级单位、油气田企业各个层面上的原因，找准引发问题的最终层面，从源头上对问题彻底纠正。

3)"管理环节＋管理层面"联合追溯

在审核问题管理追溯的过程中，通常是管理环节和管理层次两个维度的联合追溯。也就是说，在追溯时，既要分析出是哪个管理环节出现了问题，也要分析出是哪个管理层面出现了问题。如果将这两个维度的追溯进行展开，可以得到以下分析图，见图 3-38。

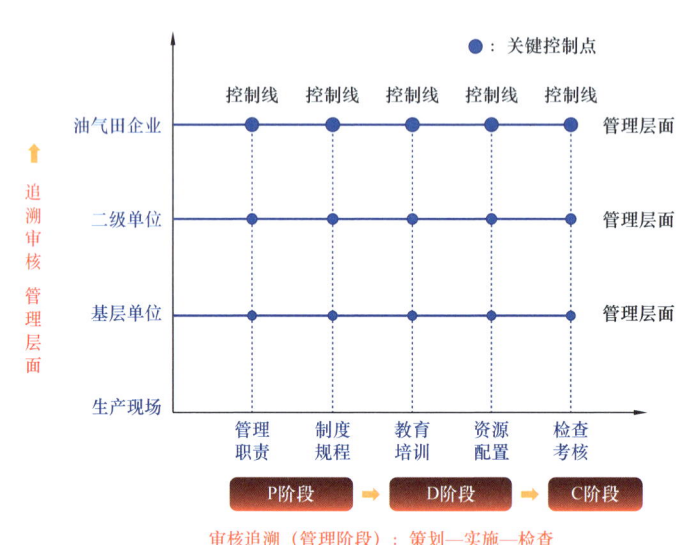

图 3-38 审核问题管理追溯分析图

从图 3-38 我们可以看出，审核问题管理追溯的总体过程，就是对管理职责、制度规程、教育培训、资源配置、检查考核这五个控制线，在基层单位、二级单位、油气田企业三个管理层面上的审核追溯，最终会验证 15 个关键控制点的管理有效性。在实际的审核追溯中，往往会由于审核时间等因素的限制，不一定能对全部的 15 个关键控制点完成追溯，但必须对影响该问题的核心点进行追溯。

我们在验证这 15 个关键控制点时，并不是无序验证的。通常可按行（即按管理层面）或者按列（按管理环节控制措施）验证。

（1）按管理层面追溯：

在审核时，通常是生产现场、基层单位、二级单位、油气田企业逐一进行审核和追溯。因此，审核员通常会采取按管理层面追溯的方法，一个管理层面、一个管理层面地逐一追溯。根据现场发现的问题，在每个管理层面进行管理职责、制度规程、教育培训、资源配置、检查考核五个方面的追溯。

【示例】2022 年一季度对 ×× 采气厂作业区审核时发现：在用变送器密封圈老化问题现场重复较多，问题见表 3-32。

表 3-32　××采气厂作业区变送器盖板密封圈老化重复问题

序号	三级单位	四级单位	不符合项描述
1	作业三区	A13站	2022年3月9日，作业三区A13站2#压缩机机油加热泵上安装的温度变送器盖板密封圈老化
2	作业三区	A13站	2022年3月9日，作业三区A13站2#天然气压缩机二级进气分离器上安装的温度计表盘密封胶圈老化，渗漏灌充液
3	作业三区	A14站	2022年3月9日，作业三区A14站1#气田产出水储液罐上安装的液位变送器盖板密封圈老化
4	作业三区	A10站	2022年3月9日，作业三区A10站2#压缩机一级进气分离器上安装的压力变送器盖板密封圈老化

① 作业区层面追溯：

【机构职责】《××采气厂数字化运维操作细则》中明确，职责划分中要求作业区技术室数字化岗负责所辖井、站、区部数字化系统（包含现场仪器仪表、上位机、工业视频、语音通信、数字化机柜、设备间等数字化软、硬件）的日常运维。

【制度规程】作业三区依据《××采气厂网格化管理要求》制定了《作业三区网格化管理要求》明确各网格区域承包人，制定网格巡检频次，要求员工对照网格化巡检表所有区域设备实行每三天全覆盖巡检一次。每月5日要求班站进行压力变送器、温度变送器的专项检查。

【人员培训】查看作业区培训资料，作业三区数字化技术员对巡检员工进行了数字化仪器仪表的巡检维护培训，其中专门对仪表密封胶圈检查进行了培训。

【资源配置】查看作业区库房，库房有足够数量各类密封胶圈。

【检查考核】在作业区2月底的"三基"工作检查及生产建设考核中，均未对此项问题列入检查内容，问题清单中未存在此类问题。

② 采气厂层面追溯：

【机构职责】《××采气厂数字化运维操作实施细则（试行）》第二部分职责划分中要求，地质工艺研究所对作业区数字化日常运维工作提供技术支持；作业区负责所辖井、站、区部数字化系统（包含现场仪器仪表、上位机、工业视频、语音通信、数字化机柜、设备间等数字化软、硬件）的日常运维。

【制度规程】《××采气厂网格化管理要求》明确，各作业区要明确网格区域承包人，制定网格巡检频次，要求网格员对照网格化巡检表所有区域设备，实行每三天全覆盖巡检一次。每月5日要求班站进行压力变送器、温度变送器的专项检查。

【人员培训】××采气厂年度培训计划中包含了厂级、作业区级的数字化业务培训计划。2022年度厂级培训将于4月举办，目前正在进行前期策划。

【资源配置】查看物料计划，地质工艺研究所（主管部门）已核准、审批各作业区上报的数字化运维物料计划，其中包含在用型号、规格的密封胶圈。

【检查考核】地质工艺研究所年内未对各基层单位进行数字化仪表及其安装完好性检查。

追溯结果：

a. 作业三区已明确了管理职责和制度规程，已组织对巡检员工的业务培训，并已储备充足充分的各类密封胶圈物料，这四个方面均管理到位。但是，在监督检查上还存在不足。一是，场站网格巡检人员对变送器盖板密封圈老化现象没有引起足够重视，疏于进行问题纠正和整改。二是，作业区在生产现场检查时，没有对此类问题进行检查和纠偏，致使此类问题频繁发生。

b. ××采气厂在管理职责、制度规程、人员培训、资源配置方面都已履职尽责。但在检查考核方面还存在问题，连续两个月未对基层单位数字化仪表及其安装的完好性进行监督检查，没有及时发现生产现场出现的问题并及时纠偏，未将直线责任履行到位。

（2）按管理环节控制措施追溯：

在审核时，在一些审核情境下，控制措施是可以在同一审核地点进行管理层面追溯的。在这种情况下，就可以按照控制措施纵深对管理层面进行追溯。

【示例1】机构职责控制措施的追溯

【审核现场】在某井场审核时发现，该井场有5口油井，机采系统地面设备由游梁式抽油机更换为螺杆泵采油系统，属于工艺变更。经询问，该井场员工并未接受此项工艺变更的有关HSE培训。

【追溯审核】在该作业区技术室审核，该作业区技术室提供的工作职责中并未包含工艺变更的管理职责，如进行工艺变更的工艺危害分析和风险评估、工艺安全信息（如相关图纸、操作规程等）更新、工艺变更项目的培训和沟通、工艺变更情况监督检查等。同时，在局域网上利用电子公文系统，查阅该厂各科室的机构职责有关文件，采油厂各科室的机构职责文件中显示，采油工艺研究所的工作职责中并未包含工艺变更的管理职责。这相当于，在审核时，对"机构职责"这一控制措施进行了作业区、二级单位两个管理层面的审核追溯。

【示例2】制度规程控制措施的追溯

【审核现场】在某联合站审核时发现，该站采出水回注水质悬浮物固体含量超标严重。

【追溯审核】在该联合站，可追溯该作业区下发的采出水回注管理和指标控制的文件或要求。同时，可在该联合站，在局域网上利用厂协同工作平台，查询该厂采出水回注管理的有关制度。这相当于，在审核时，对"制度规程"这一控制措施进行了作业区、二级单位两个管理层面的审核追溯。

【示例3】人员培训控制措施的追溯

【审核现场】在某联合站审核时发现，该站正在进行施工作业。作业区地面工程岗、采油厂工程项目部工程监督岗均在施工现场进行施工监督检查。在审核时发现，该站内新投管线焊缝实测余高为 4mm。不符合 SY/T 4203—2019《石油天然气建设工程施工质量验收规范 站内工艺管道工程》7.3.3"焊缝余高应为 0~2mm"。

【追溯审核】在审核时，可先询问作业区地面工程岗是否掌握管线焊接的质量控制要求，接着询问采油厂工程项目部工程监督岗是否掌握管线焊接的质量控制要求。这相当于，在审核时，对"人员培训"这一控制措施进行了作业区、二级单位两个管理层面的审核追溯。

【示例 4】资源配置控制措施的追溯

【审核现场】在某井场审核时发现，该井场 ×× 井密封填料刺漏严重，现场员工说没有符合规格的配套密封填料，无法进行更换。

【追溯审核】在该作业区料库审核时发现，该作业区目前尚有 20 个符合更换要求的配套盘根。在作业区料库，在局域网上利用 ERP 系统，查询该作业区已申报购置 500 个盘根，且厂主管部门已审批通过。这相当于，在审核时，对"资源配置"这一控制措施进行了作业区、二级单位两个管理层面的审核追溯。

【示例 5】检查考核控制措施的追溯

【审核现场】在某作业区应急物资库审核时发现，库房内多具灭火器已失效；3 具空气呼吸器压力不足；2 台应急照明灯已经损坏；1 台柴油发电机油箱盖敞开，油箱内柴油大部分已经挥发。应急物资库内的巡检记录已多日未进行填写。

【追溯审核】在该作业区调控中心进行审核时，该作业区调控中心主任对此情况并不了解，并且承认已有很长时间未对应急物资库进行监督检查。在局域网上利用该厂主页、QHSE 主页，查询该厂上一月度 QHSE 监督检查通报，该厂质量安全环保部及监督站已发现该作业区应急物资库存在多处问题和隐患，并已进行通报，要求该作业区进行整改。这相当于，在审核时，对"检查考核"这一控制措施进行了作业区、二级单位两个管理层面的审核追溯。

小试牛刀：审核追溯练习 1

2022 年一季度对 ×× 采气厂作业四区审核时发现：压力容器滑动端未预留滑动间隙重复问题较多，问题见表 3-33。

表 3-33　×× 采气厂作业四区压力容器滑动端未预留滑动间隙重复问题清单

序号	三级单位	四级单位	不符合项描述
1	作业四区	A10 站	2022 年 2 月 16 日，作业四区 A10 站 1# 闪蒸分液灌卧式压力容器，滑动端地脚螺栓未预留滑动间隙
2	作业四区	A19 站	2022 年 2 月 16 日，作业四区 A19 双筒式闪蒸分液罐卧式压力容器，滑动端地脚螺栓未预留滑动间隙

续表

序号	三级单位	四级单位	不符合项描述
3	作业四区	A18 站	2022 年 2 月 16 日，作业四区 A18 闪蒸分液罐卧式压力容器，滑动端地脚螺栓未预留滑动间隙
4	作业四区	A17 站	2022 年 2 月 16 日，作业四区 A17 站生产区 1# 卧式分离器卧式压力容器，滑动端地脚螺栓未预留滑动间隙
5	作业四区	A9 站	2022 年 2 月 16 日，作业四区 A9 站闪蒸分液灌卧式压力容器，滑动端地脚螺栓未预留滑动间隙

参考思路：本问题的审核追溯，可采用按管理层面追溯的方法进行追溯。

作业四区追溯：

【机构职责】落实作业区负责压力容器主管的组室或岗位，查看主管组室或岗位职责中是否明确了压力容器日常运行检查、校验和管理的有关职责。在局域网上利用电子公文系统，查阅该厂各科室的机构职责有关文件，确认压力容器主管部门，并落实主管部门是否明确了压力容器日常运行检查、校验和管理的有关职责。

【制度规范】落实作业区压力容器运行管理制度中，是否明确了压力容器"水泥基础完好、固定端两条螺栓紧固、滑动端两条螺栓松动有间隔"等滑动端检查内容要求。在局域网上利用电子公文系统、厂协同工作平台，查询该厂压力容器管理制度关于压力容器滑动端的要求。

【人员培训】落实作业区是否针对有关内容，对有关的业务人员、巡检人员、维护人员进行培训。

【资源配置】落实作业区是否对巡检、维护人员配置相关的物料、工具。

【检查考核】落实作业区在各类检查中，是否对此类问题进行监督检查、及时纠偏。

××采气厂追溯：

【人员培训】落实厂年度培训计划是否有相关内容，对各基层单位有关的业务人员进行培训。

【资源配置】落实厂主管部门是否对基层单位配置相关的物料、工具。

【检查考核】落实厂主管部门、监督部门在各类检查中，是否对此类问题进行监督检查、及时纠偏。

小试牛刀：审核追溯练习 2

2022 年 1 月 12 日，在 ×× 采油厂 A 采油作业区审核时发现：查看作业区中控室报警信息系统，A 十二转 1 月 12 日 10：32 到 12：26 站内共计有 44 条压力、流量等报警信息均未及时处置。

参考思路：本问题的审核追溯，可采用按管理层面追溯的方法进行追溯。

A 采油作业区追溯：

【机构职责】落实作业区负责数字化系统主管的组室或岗位，查看主管组室或岗位职责中是否明确了数字化系统日常运行、检查和管理的有关职责。在局域网上利用电子公文系统，查阅该厂各科室的机构职责有关文件，确认数字化系统主管部门，并落实主管部门是否明确了数字化系统日常运行、检查和管理的有关职责。

【制度规程】落实作业区数字化系统管理制度中，是否明确了数字化系统报警处置的有关要求。在局域网上利用电子公文系统、厂协同工作平台，查询该厂数字化系统管理制度关于报警处置的要求。

【人员培训】落实作业区是否针对有关内容，对有关的业务人员、监控人员进行培训。

【资源配置】落实作业区数字化监控系统及配套远传装置有无损坏、是否可靠，相关的压力变送器、温度变送器是否进行有效校验。

【检查考核】落实作业区在各类检查中，是否对此类问题进行监督检查、及时纠偏。

××采气厂追溯：

【人员培训】落实厂年度培训计划是否有相关内容，对各基层单位有关的业务人员进行培训。

【资源配置】落实厂主管部门是否对基层单位配置相关的软件、温度变送器、压力变送器及相关配套物料。

【检查考核】落实厂主管部门、监督部门在各类检查中，是否对此类问题进行监督检查、及时纠偏。

3. 审核问题管理追溯的注意事项

实际问题管理追溯中，审核人员应采取先到现场观察，发现人的不安全行为和物的不安全状态等方面问题，针对问题确定追溯内容，并对有关人员进行访谈，最后有的放矢地查阅制度、培训、检查和考核等资料，印证现场发现问题和访谈情况等信息是否一致。通过"先现场观察，后访谈沟通，再查阅资料"提高审核效率和效果。在审核过程中，需要注意以下几方面：

1）"点"的选取

在基层单位问题中选取共性问题，多处同类操作活动、两处以上同类设备出现问题或多处同类隐患，或普遍违章行为、隐患（重大或较大）未排查治理，是管理追溯的主要线索。优选操作违章和设备设施类，同一个审核组内，工具选用、问题类型尽量分散分布。

2）"线"的顺序

遵从"基层单位——二级单位——油气田企业"的顺序，行程安排一定要先现场、再机关，在基层现场审核期间就要思考拟追溯的问题。

3）"面"的覆盖

"三个层级""五个方面"都要覆盖，不要缺项。

"三个层级"是指：基层单位层级、二级单位层级、油气田企业层级。

"五个方面"是指：管理职责、制度规程、教育培训、资源配置、检查考核。

4）"证据"保存

以发布的制度、职责为依据，各层级、各方面都要拍照留证，"证据"一定要坐实。

5）沟通交流

在管理追溯中，有些情况需要和当事人沟通交流，在与当事人沟通中，要注意方式方法，语言不宜过于生硬，有礼有节。

6）视频监控

在问题管理追溯中，审核员应用好场站的监控录像，分时间、分区域进行视频抽查回放。在视频回放时要仔细，发现问题要反复确认，拿不准或看不清的情况可与其他审核员一同确认，或与受审核单位属地主管进行沟通、确认，不可盲目定性。

四、审核问题清单填写

在现场审核结束以后，初级审核员应根据审核发现中存在的问题，准确进行问题的分级归类，并完整规范填写问题清单上报审核组。根据 Q/SY 08002.3—2021《健康、安全与环境管理体系　第3部分：审核指南》要求，将对审核问题清单的基本填写方法进行介绍。

（一）问题清单基本内容

根据《勘探与生产分公司2022年下半年QHSE审核指导手册》关于问题清单的要求，并进行表格结构的解析，实质上问题清单分为4个部分，分别为：审核基本信息、问题描述、审核要素判定、问题判定，可参见图3-39。

序号	单位	问题提出人（审核员）	审核时间	问题描述	判定依据	量化标准审核主题	审核项	审核内容	问题性质（级别）	一级业务领域	二级业务领域	问题归属管理层级	问题不符合

图3-39　审核问题清单的基本结构

可参考以下示例进行审核问题清单的学习，详见表3-34。

通过图3-39、表3-34可以看出：在规范填写审核问题清单时，审核员须准确填写清楚审核人员、审核时间、审核地点（单位）等基本信息，并掌握问题描述的基本方法，明确判定问题的依据，能够依据量化审核标准判定相应的审核主题、审核项及审核内容，并掌握问题性质、类别等判定的原则和方法。本节将围绕以上问题进行介绍和探讨。

表 3-34 审核问题清单填写示例

序号	单位	问题提出人	审核时间	问题描述	判定依据	量化标准审核主题	审核项	审核内容	问题性质（级别）	一级业务领域	二级业务领域	问题归属管理层级	问题不符合
11	××采油厂	刘××	2021年9月10日	抽查《2021年抽油机基础隐患治理项目》，业务主管部门未对承包商入场（厂）人员开展安全教育培训；仅对参加项目34人中的19人健康体检证明进行了审查；未对项目副经理兼安全、质检主要负责人孟某的HSE培训合格证进行审查（2019年5月10日颁发，已过期）；经追溯，业务主管人员了解作业前需对承包商人员开展能力准入评估的要求，但没有督促认真实施	集团公司《关于进一步加强承包商施工作业安全准入管理的意见》	12承包商管理	12.1承包商管理	12.1.5组织开展承包商施工作业前能力准入评估	一般	工程建设	检维修作业	二级单位	实施性不符合——实施不符合文件规定

（二）审核要素判定

目前，依据集团公司 QHSE 量化审核的特点，油气田企业在审核时主要依据集团公司或油气和新能源分公司 QHSE 管理体系量化审核标准进行审核。根据《集团公司 QHSE 管理体系量化审核标准》（以下简称量化审核标准），量化审核标准主要下设七个一级要素，分别是：领导和承诺，健康、安全与环境方针，策划，组织结构、职责、资源和文件，实施和运行，检查和纠正措施，管理评审。以七个一级要素为框架，在质量、健康、安全、环保等方面管理要求的基础上设置审核主题；并在审核主题的框架下，按照集团公司明确要求及制度规定的管理活动，设置审核项及审核内容。

在判定审核要素时，就是要针对目前发现的问题进行归位，判定相应的审核主题，再根据审核主题判定相应的审核项、审核内容。

1. 审核主题判定

在判定审核主题时，实质上要将审核发现问题在审核主题中找准定位。如何快速判别审核主题，应值得审核员进行思考和探讨。

审核员应掌握 PDCA 循环的基本思路，并掌握七个一级要素的基本概念。在判定审核主题时，可考虑以下方法：

【第一步】快速判定审核发现的问题属于 P（策划）、D（实施）、C（检查）、A（处置）哪个环节？

【第二步】判定审核发现的问题属于 PDCA 环节中的哪个一级要素？

P（策划）环节中主要包括：领导和承诺，QHSE 方针，策划，组织结构、职责、资源和文件。

D（实施）环节主要包括：实施和运行。

C（检查）环节主要包括：检查和纠正措施。

A（处置）环节主要包括：管理评审。

【第三步】在一级要素的审核主题项中快速定位所属的主题，可参考表 3-35。

表 3-35　PDCA 环节、一级要素、审核主题对应表

PDCA 环节	一级要素	二级要素（审核主题）
P（策划）	领导和承诺	领导和承诺
	健康、安全与环境方针	QHSE 方针
	策划	危害辨识、风险评价和控制措施
		合规性管理
		目标指标和方案
	组织结构、资源和文件	机构、职责和 QHSE 投入
		能力培训和意识
		制度和规程
		协商与沟通
D（实施）	实施和运行	设备设施
		承包商管理
		作业许可
		健康管理
		建设工程质量
		井筒工程质量
		采购质量
		产品质量
		污染防治
		生态保护
		清洁生产

续表

PDCA 环节	一级要素	二级要素（审核主题）
D（实施）	实施和运行	生产运行
		变更管理
		应急管理
		消防安全
		道路交通安全
		危险化学品管理
		标准化建设
C（检查）	检查和纠正措施	监督检查
		环境信息
		事故事件
		内部审核
A（处置）	管理评审	管理评审

审核主题判定示例

【问题描述】抽查《A厂井筒质量管理办法》，其中未明确井筒质量管理相关人员的工作职责。不符合《中国石油天然气集团有限公司井筒质量管理规定（试行）》第八条："油气田企业（产能建设单位）主要履行以下职责：（一）贯彻执行集团公司、专业公司井筒质量管理的相关制度，明确井筒质量管理、监督机构及相关人员的工作职责，落实相应的责任"。经追溯，该厂《井筒质量管理办法》未按时进行评审和修订。

【判定审核主题的思路】

第一步：快速判定为P策划环节。

第二步：快速定位一级要素为"组织结构、职责、资源和文件"。

第三步：在一级要素"组织结构、职责、资源和文件"所属主题中快速判定为"机构、职责和QHSE投入"。

2.审核项判定

审核项的判定，就是在已经明确审核主题的情形下，在审核主题下设的审核项中查询、定位所属的审核项。

例如在上述示例中，已经判定审核主题为"机构、职责和QHSE投入"，可在审核主题下设的审核项中定位为"6.3质量安全环保责任制"。

3. 审核内容判定

审核内容的判定，就是在已经明确审核项的情形下，在审核项下设的审核内容中查询、定位所属的审核内容。

例如在上述示例中，已经判定审核项为"6.3 质量安全环保责任制"，可在审核项下设的审核内容中定位为"6.3.2 岗位员工 HSE 职责明确，并在工作中得到落实"。

（三）问题判定

问题判定主要包含四个方面，分别是问题性质（级别）、业务领域判定、问题归属管理层级及问题不符合判定。问题分级判定主要是针对问题严重性进行定级；业务领域判定主要是判定问题归属于什么业务领域，如工程技术、井下作业等，主要是追溯问题源头的专业部门；问题归属管理层级主要是针对问题的管理层面进行定级，如企业级、二级单位级等；问题不符合判定主要是针对不符合进行分类定级。通过对问题四个方面的定位，可有效研判问题的纠正方案，以对 QHSE 体系运行进行持续改进。

1. 问题分级判定

根据问题偏离有关法规制度的程度及潜在后果的严重性，对审核发现的问题分三级：即严重问题、一般问题、轻微问题。

严重问题：可能对环境、公众、员工、股东、客户、企业造成严重负面影响的状况，如严重违反国家法规或标准要求，存在较大法律风险；QHSE 管理存在系统性缺陷，可能引发事故；明知或故意违反，可能面临刑事或民事责任等。凡符合较大及以上事故隐患判定标准的问题，都属于严重问题。

一般问题：偏离外部或内部法规、标准、制度、规程的状况，一般是个别、局部、偶然的偏离，不会即刻产生负面影响；或预计不会产生较大影响，但也不准许长期存在。

轻微问题：偶然偏离非强制性指南、规范、建议的状况；或可能引发问题的潜在因素，或需要引起关注的一种倾向或趋势。

2. 业务领域判定

业务领域判定是指依据责任主体的判定原则，根据问题产生的责任主体所属专业而判定，而不能仅仅依据发现问题所在场所、作业类型进行判定。

勘探生产板块业务领域需要判定一级业务领域和二级业务领域。其中，一级业务领域主要包括：工程技术，井下作业，工程建设，采油与集输，采气与集输，储油、气库，外输管道，辅助工程及其他。二级业务领域可参见表 3-36。

如，油气站场的工艺、参数类问题经追溯判定二级单位的工艺和开发部门为责任主体，则归类为采油专业问题。

又如，设备问题可根据全生命周期管理环节分为：设备选型、安装验收、维保使用等阶段问题，因设备不同环节的责任主体不同，专业亦有所不同。设备选型责任主体是各专业部门（各专业部门提购置需求，选型要求）；新建项目设备安装验收责任主体是基建部门，专业为工程建设。设备日常维修保养责任主体是基层站队（单位），专业应为采油采气。

表 3-36 勘探生产板块二级业务领域清单

一级业务领域	工程技术	井下作业	工程建设	采油与集输	采气与集输	储油、气库	外输管道	辅助工程	其他
二级业务领域	钻井	小修	可研	采油	采气	储油库	油管道	供水	其他
	录井	措施	设计	集输	集输	储气库	气管道	供电	
	固井	大修	站场建设					运输服务	
	测井		管道建设					机械加工	
	完井		竣工验收					矿区服务	
	试油		检维修作业					油田化学品生产	
								物资采供	
								其他	

3. 问题归属管理层级判定

问题归属管理层级判定是指依据责任主体的判定原则，根据问题产生的责任主体所属管理层级而判定，而不能仅仅依据发现问题所在场所进行判定。问题归属管理层级包括：企业级、二级单位、基层单位及基层站队。

例如：现场员工未按操作规程进行操作。应判定为基层站队层级，员工岗位操作培训是三级教育中基层站队关注的重点，是岗位工作必备的技能，且基层站队能通过对员工进行岗位培训、加强检查与考核等管理方法，促使员工纠正行为。

再如：现场操作规程与设备实际运行的操作不符。应判定为二级单位层级，虽然在现场存在该类问题，但操作规程的评审与管理责任应为二级单位职能科室，二级单位职能科室应对操作规程组织专业部门人员、基层技术人员、操作员工进行一年一次评审，三年一次修订。反之，基层站队也不具备对操作规程进行评审的能力，不具备操作规程签发的职责与权限。

4. 问题不符合判定

问题不符合分类通常有以下几种情形：

（1）体系性不符合：QHSE 管理体系文件没有完全达到体系标准的要求，即文件的规定不符合标准。

（2）实施性不符合：QHSE 管理体系实施未按文件规定执行，即运行实施不符合文件规定。

（3）效果性不符合：体系运行结果未达到计划的目标、指标，即实施效果不符合所建立的目标。

（4）法规性不符合：体系运行的 QHSE 行为未达到有关法律法规和其他要求的规定，即 QHSE 行为不符合法规要求。

（四）重复性问题判定

为进一步推进审核改进作用的发挥，督促各企业加强对问题的整改效果关注，确保审核发现问题的举一反三彻底整改。现根据审核发现问题在各管理层级分布情况，对审核发现的重复性问题进行界定。对不同层级的重复性问题界定标准应略有差异：

1. 企业级重复性问题

企业级重复性问题是指 2 个周期年内，先后在同一企业、同一机关管理处室发生的 2 个及以上的问题，且这些问题归属于同一主题要素、管理内容，由于同一管理原因产生。

例如：2020 年上半年审核发现：某企业某业务处室部门工作职责"土地复垦的指标置换等工作"未纳入 QHSE 职责。土地管理科负责土地复垦工作，科长、副科长岗位安全环保责任清单未明确该项职责。

2021 年上半年审核该企业的该业务处室发现：2020 年安全环保责任清单签字版和电子版差别很大，电子版 6 项工作，签字版内容只是电子版内容其中的 1 项工作，主管人员不清楚责任清单的有效版本。

以上两个问题发生在同一企业、同一业务管理部门，为同一周期年内发生的。共属于"机构、职责和 QHSE 投入"主题、QHSE 责任清单管理方面的问题。都表现为 QHSE 责任清单与实际管理工作不一致，且业务主管人员不掌握 QHSE 责任清单内容。

2. 二级单位级重复性问题

二级单位级重复性问题指 2 个周期年内，先后在同一企业，同一二级单位或生产类型相似、风险等级相同的二级单位中，具有同一业务职能的机关科室中发现两个及以上问题，且这些问题归属于同一主题要素、同一审核内容、审核项，由于同一管理原因产生。

例如：2020 年上半年审核发现某企业第三采油厂第五作业区《生产安全事故风险评估报告》中评估结论：硫化氢中毒为 3 级风险，需制定专项应急预案，此项风险未制定预案。

2020 年下半年审核发现该企业第三采油厂将第二作业区单井硫化氢泄漏风险评为重点防控的生产安全环保风险，但未制定相应的应急处置措施。

3. 三级单位及现场重复性问题

三级单位及现场重复性问题指一个周期年内，先后在同一企业的同一二级单位或生产类型相似、风险等级相同的二级单位中，在相同的环境场所、作业条件，同类岗位人员使用相同设备工具或采用相同方法，由于相同原因导致的两个以上的问题。

例如：2019年下半年审核发现某企业、某采油厂的第一作业区中轻烃厂轻烃充装工艺流程改造增加阻火器后，未明确阻火器检查和定期清洗的管理要求。

2020年上半年审核发现，该采油厂该作业区（第一作业区）34井未明确阻火器的定期检查、清洗频次。

审核时，应重点关注两级机关审核发现的重复性问题，以便推动两级机关部门管理问题的系统性整改，促进直线责任的归位落实。同时，也应关注基层现场的重复性问题，帮助现场查找问题产生的管理原因，扭转基层现场问题屡查屡有的情况，夯实基层管理基础。

（五）"问题整改建议"制定说明

针对问题整改建议的制定，建议考虑以下两个方面：

（1）发现的问题，若本单位没有职责、流程或管理要求对问题整改进行约束的，审核组需给出职责、管理流程或管理要求方面改进的建议与意见。反之，则不用给出。

（2）现场能够立即整改纠正的问题，无需由审核组给出问整改建议。

五、量化审核评分定级

量化审核评分定级是针对某一受审核单位量化审核的结论性评价。初级审核员在完成现场审核后，应按照现行的量化审核标准对受审核单位的相关要素进行评分，审核组综合定级。其中，需要说明的是，全要素量化审核需要进行量化评分及分级定档；专项量化审核仅需要进行量化评分，不进行分级定档。

（一）量化评分

1. 量化评分的方法

量化评分是审核员依据现行的《集团公司QHSE管理体系量化审核标准》的评分项及评分说明，对审核发现进行量化评分，具体的步骤如下。

【步骤1】确定评分项和评分基准分。审核员根据受审核单位的具体业务，对审核项下设的评分项进行核定，对审核不适用的评分项进行剔除，对审核适用的评分项进行分值合计，最终合计出的适用评分项分值总和为该受审核单位的评分基准分。

【步骤2】对评分项逐一打分。审核员依据《集团公司QHSE管理体系量化审核标准》中的评分说明，对各个审核主题确认的评分项进行量化打分。并对各个评分项的打分分值进行合计，计算出该受审核单位的实际得分。

【步骤3】百分制折算。

（1）受审核单位总分折算。审核员用受审核单位的实际总得分与评分基准分进行百分制折算。基本公式为：受审核单位实际总得分 / 评分基准分 ×100= 总分百分制得分。

（2）受审核单位各审核主题得分折算。审核员用受审核单位各个审核主题的实际得分与各个审核主题的评分基准分进行百分制折算。基本公式为：受审核单位各审核主题实际得分 / 审核主题评分基准分 ×100= 各审核主题百分制得分。

2. 量化评分的注意事项

（1）根据审核层级和审核计划，量化评分的审核单元有所不同。通常，集团公司、油气和新能源分公司组织量化审核时，对各个油气田企业进行量化评分，不再对油气田企业下设的二级单位、基层单位进行量化评分。油气田企业组织量化审核时，通常对各二级单位进行量化评分，不再对二级单位下设的基层单位进行量化评分。各采油采气厂等二级单位组织量化审核时，通常对各基层单位进行量化评分，不再对各基层单位下设的基层班组进行量化评分。

（2）在确定评分项和评分基准分时，一定要严谨和准确，避免因评分基准分确定不准而引发审核结论的偏差风险。如确定评分项、评分基准分出现遗漏，则会对部分评分内容出现缺项漏项，没有对审核内容进行有效覆盖。如确定评分项、评分基准分出现多余项目（即该受审核单位不适用的评分项），则会使评分基准分偏高，造成受审核单位评分偏低或存在不真实。因此，要严谨、准确确认受审核单位的评分项和评分基准分，避免引发审核结论偏差或不真实。

（二）分级定档

1. 初步分级定档

审核员根据受审核单位最终的总分，依据表 3-34 进行初步定级。根据审核得分情况对企业 QHSE 管理情况分成 4 级 7 档，具体参见表 3-37。

表 3-37　QHSE 管理体系量化审核评分定级表

级别	优秀级（A 级）		良好级（B 级）		基础级（C 级）		本能级（D 级）
分值	95～100	90～95	85～90	80～85	70～80	60～70	低于 60
档级	A1	A2	B1	B2	C1	C2	D

2. 确定定档结论

在确定定档结论时，应考虑以下两种情形：

（1）当企业在审核年度内发生生产安全亡人事故或对集团公司造成较大负面影响的事故事件，进行降一级处理。

（2）出现审核主题的得分率在 40% 以下的，进行降一档处理。此处可参考在量化评分中，受审核单位各个审核主题的百分制得分情况，若存在某审核主题得分在 40 分以下，则需对该受审核单位降一级处理。

审核员在综合考虑以上两种降级处理情形后，如存在以上降级情形，则在初步评审定档的基础上降一档定档。如不存在以上降级处理的情形，则以初步分级定档结论为最终的定档。